花咲く丘の高校生

～あなたも高校生になってみませんか～

目次

第一部　黄色のチューリップは春の色

ゆ～先生と香苗と準　6／人間力　8／笑ってくれよ、オレのギャグ　8／美しいノートは心の顔　9／
振り向けば香子《かこ》がいた　10／CCレモンでリバイバル　13／ホットな授業　15／加奈が傷ものに？　18／
はだかのケン　21／未来の先にあるものは　22／親ばか教師　23／担任教師の目に涙　25／
お世辞は七難を隠す　26／形式美人と真美人　27／小春日和の最後の日　29／指切りげんまん　30／
A Valentine Surprise　32／春ふる雪は別離《わかれ》の涙　33／さよなら。先生、大好きだよ。　34

第二部　揺れる心と秋桜

満開の桜花の下で　38／クリーン嫉妬　40／大きな人間になるぞい！　41／わたし汗《アセ》っちゃう　44／
本音とは裸を晒すようなもの　45／浮気な前置詞　47／玉手箱を開けると　49／駕籠《かご》に乗る人、担《かつ》ぐ人　52／
更紗《さらさ》の誓い　54／ジベタリアンは死んでしまった　55／ねこじゃらし　57／名残の月　58／
秋桜《コスモス》のように　61／せんせ～、染まらないでよ　63／寒い学校、冷たい教師　64／空蝉の苦しみ　66／
A Lag Time Memory　あとの祭り　68／あけおめ！　70／携帯中毒　72／夢少女《ゆめおとめ》　74／Sunny, Sunny　77

第三部　透百合に染まって

April 8, 2009　80／成績評価は学力プラスEQで　81／指先と舌先、三寸に賭けた青春　84／形の文化　86／
3085　88／泣きっ面に真知《まち》　90／天国の門　93／午後五時の太陽がいい　94／ある少女の思い出　97／
ピグマリオン効果　99／笑っていいとも！　100／初冠雪の朝　102／睦希《むつき》十九でどこへ行く　103／
ドカ雪ニモメゲズ　106／胡桃《くるみ》という名の少女　108／煽《おだ》てられれば木に登る　111／にはは～、頼りにしてて！　112

第四部　黒松が見守ってきたこと

君の名は　114／忘れ者　116／ああ美しき汝《な》がノート　118／ベル・ジャー　119／受信・送信・迷信　121／砂山　123／
頭脳を育てる三要素『き・し・そ』　127／ときめきめっせ　129／小春日和の朝　133／いちご娘と越後姫　134／
偏差値最下位校から公立大へ　136／素直、忍耐、理解、努力　138／王道を歩いてくれ！　140／トップレス　142／
Where the Road Ends　145／愛は線香花火　150／英語教育もTPPの一環か？　151／黄色い秘密　156／
一里塚の黒松物語　157／上越名所『地吹雪街道』　164

第五部　花の錦街道を行く

おばあちゃんがくれた名前　168／笑えって？　それは無いっす　教師ギャグ　169／てにをは清音返《せいおんがえ》り　171／
水彩画の中で　174／百合と生徒と夏至の午後　175／チョコ一つ、一粒だけの下駄履かせ　177／
初めての八十点　179／Smile, and Save the World　180／鳶《とんび》に油揚げをさらわれた　183／転校生　桃菜　184／
夢は『懸け橋』　188／結局は秋晴　190／生徒に完敗　192／霙《みぞれ》のような一時間　194／火が落ちるまで　198／
ワンポイント・リリーフ　200／お別れ　204／弔辞にしてほしい　205

第一部

黄色のチューリップは春の色

（二〇〇七年三月～二〇〇八年三月）

ゆ～先生と香苗と準

新学期も間近い三月末に、久しぶりに学校に顔を出すと、教頭先生が声をかけてきた。

「ゆ～先生は学校を辞《や》めてしまったのかと言って、一年生の生徒たちが心配していましたよ」

……そうです。私は三月十五日で辞令が切れた英語の非常勤講師なのです。

香苗《かなえ》

その日、廊下で一年生の香苗を見かけたので、声をかけた。

「香苗さ～ん。成績はどうだった？」

「あっ、ゆ～先生だ。英語は良い点がとれたんです。二年になっても、ゆ～先生に英語を教わりたいよ～」

準《じゅん》

二年生の準が教務室に入ってきた。茶髪に鼻ピアスをして、腰からは携帯かなにかの長い鎖《くさり》を二重に垂《た》らしている。

私が声をかけた、

「準く〜ん、もうすぐ三年生だね」

続いて佳子《よしこ》先生も声をかけた、

「じゅん君、髪の色と成績は比例することになっているのよ」

すかさず、私が反応した、

「鎖の長さと成績は反比例するのだぞ」

準が言いわけをした、

「ぼくとしては、やりたくないんです。でも、友達の賭《か》けに負けちゃったから、しょうがないんです。先生にはいつも『約束は守れ』って言われていますから」

佳子先生と私は、思わず顔を見合わせた。

人間力

今年度の私の授業は、英語力だけでなく『人間力』をも養うことを第一義《だいいちぎ》とした。私の授業をとおして、生徒が自己を発見し、人間力をつけていってほしいのだ。今年は、いったいどんな生徒と出会うのだろうか。そして、生徒も私もどんなふうに進化できるのだろうか。楽しみと不安の中でエキサイティングな一年がスタートした。

笑ってくれよ、オレのギャグ

生徒が授業に乗ってくれると、私も調子が出るので、頭の回転がスムーズになる。頭がスムーズに回転すると、ギャグがポンポンと飛び出してくる。このギャグへの反応は、学年によって明らかな違いがある。

教師ギャグ、きょとんとしている　一年生
高2ギャル、なんでシラける　このギャグに
わがギャグに　お世辞で笑う　三年生

さすがは三年生だ。教師の乗せ方を心得ている。思いやりができるのだ。『人間力』がついたのだ。

美しいノートは心の顔

中間試験が近いので、英語のノート検査をした。実に素晴らしいノートを作成している生徒が多い。心を込めて書いてあるノートを見ていると、私が素晴らしい授業を

しているような錯覚に陥《おちい》る。

まるで職人のように、私の授業を美しいノートに作り上げてくれている。学力だけの尺度では一流校に及ばないわが校の生徒だが、なまじ頭が良いという自惚《うぬぼ》れがないので、実に誠実にノート作りをしている。

昨今の格付け競争の社会には、彼らの素晴らしさに価値を認める仕組みがない。真面目、誠実、思いやり、美しい文字、美しいノートに価値を見出そうとしないならば、日本は決して美しい一流国家とは言えないだろう。

美しい国づくりには、美しいノートが必要なのだ。そして、美しいノートを提出した生徒の顔は、とても美しいのである。

振り向けば香子《かこ》がいた

私が通勤している県道30号線、通称『花の錦《にしき》街道』では、今チューリップが一斉《いっせい》に咲いている。色とりどりのチューリップが咲いていている。やはり黄色いチューリップが一番だ。なぜなら、黄色は春の色だから。これから咲く蒲公英《たんぽぽ》だって黄色だから。春の野の花は蒲公英、それとも菫《すみれ》？　やはり蒲公英がいいな。蒲公英は黄色だから。黄色は春の色だから。

花の錦街道の先の小高い丘の上に小さな高等学校がある。香子《かこ》はこの高校の二年生だ。

「オレの説明が分かってても分からなくても、とにかく時々は頷《うなず》いてくれよ。頷いてくれると調子に乗れて、いい授業ができるのだから」と最初の授業で言った私の言葉を忠実に守ってくれている生徒なのだ。

Oral introduction《オーラル　イントロダクション》をします。そして、「Got it?《分かったかな》」と言うと、香子がにっこりと頷く。

黒板に英文を書いて、重要部分に黄色いチョークで波線を付けたりしながら、「この部分が分かるかな?」と言って振り向くと、香子が長い髪を揺らして頷いてくれる。香子のまん丸い瞳《ひとみ》に合わせて、私も眼《まなこ》を大きくして教室を見まわす。

おやおや、俯《うつむ》いたままの生徒がいるぞ。座席表から判断すると、瑞希《みずき》ではないか。近寄って、

「おい、瑞希さん、眠っている場合ではないぞ。目を開けてくれよ」と言うと、香子が、「先生、それは誤解です。みっちゃんは眠ってなんかいません！　ただそう見えるだけです！」と言って瑞希の肩を持つ。

「そうか。でも『李下《りか》に冠を糺《ただ》さず』だぞ。誤解されないように、ちゃんとこっちを向いてよ、瑞希さん」と言うと、瑞希はとっても細い目で無表情に私を見上げた。

「そうそう、そうだよ。今度は頷いて見せてよ。頷くときは歯を見せて、にっこりとするのだよ」と言うと、瑞希が固い表情の口もとから白い歯を少しばかり覗《のぞ》かせてコクリと頷いた。

……'The sun keeps us warm.と黒板に書いて、

「さてと、この文章は『太陽が私たちを暖かく保つ』と訳すと、う〜ん、ちょっと日本語がおかしいかな？」

するど、香子が答えてくれた。

「『太陽のおかげで』って訳すんでしょ？」

「ああ、そうか。無生物主語の文章は、『〜のために』とか、『〜のおかげで』と訳すと日本語らしくなるね。『太陽のおかげで私たちは暖かい』ってことだ。みんな分かったかな？」

香子が頷いた。瑞希が細い目を精一杯に見開いて、大きく頷いた。クラスの全員が一斉に頷いた。

……私が通《かよ》っている花の錦街道は、今チューリップの季節です。爽《さわ》やかな五月の風にチューリップが揺れています。黄色いチューリップが揺れて、それに合わせて色とりどりのチューリップが揺れています。花の錦街道を抜けてきた五月の風が、丘の上の小さな高等学校の朝の教室をチューリップ色に染めてくれるのです。

CCレモンでリバイバル

期末試験が終わり、夏休み前の暑い日が続いている。生徒玄関に置かれている自動販売機の前を通りかかると、

「せんせ～、暑いよ～。喉がかわいたよ～。百円貸してえ～」と言う声がした。七恵《ななえ》

と明佳《はるか》だ。

「ダメ、ダメ。そんなカツアゲみたいな手口には乗らないよ。冷水器の水ならタダで飲めるんだからね」

「カツアゲじゃないです。財布は教室のロッカーに入れてあるから、すぐ返します。うちら、いまCCレモン飲まないと熱射病で死んじゃうよ〜」

「なんでCCレモンなの？　命を育《はぐく》んでいるのは水だろう。だから死ぬのなら、やっぱり水だよ。末期《まつご》の水は命を永遠にしてくれるって、お釈迦《しゃか》様が言っているしさ」

「ダメダメ。CCレモンでなきゃ復活できないんだから。うちら、CCレモンでリバイバルなんです」

「なるほど。『CCレモンでリバイバル、冷や水飲んでサバイバル』か。君たち、なかなか言うね」

「でしょう。だから百円お願いします」

「分かったよ。百円あげるから、この教訓だけは覚えておいてくれ。

師曰く、『小人《しょうじん》はCCレモンでリバイバル。大人《たいじん》は冷水飲んでサバイバル』」

ホットな授業

期末試験が終わって、夏休み直前の五限目は、一年生の授業だった。エアコンの無い教室は蒸し暑い。生徒は「あついよー」と言う気力さえ無くして、全員が石のように動かず、貝のように黙りこくっている。授業はリズムに乗らず、私の声だけが虚《むな》しい。虚しい声が教室の中で空回《からまわ》りして、ますます息苦しくなってきた。

「おーい、元気を出せよ。『沈黙は金』ではないぞ！」

……ここで閃《ひらめ》いた。

「いま、沈黙はキンと言ったけど、もしかして、沈黙は『カネ』って言うべきなのかな。どっちがいいのかな？　沙希《さき》さん、どう思う？」

「分かりません」と沙希。

「分からないなんて言わないで、どちらかに決めてよ。では、由香利《ゆかり》さん」

「どっちでもいいです」と由香利。

今回のテストで95点もとった由香利のこの投げやりな言い方に、私はムカッとした

が、抑《おさ》えて下手《したて》にでて、

「どっちでもいい事なのだけど、一応《いちおう》あなたの考えを聞かせてよ。由香利さんはキンがいいの？　おカネがいいの？」

「先生、英語には関係ないんだから、どっちでもいい事なら訊《き》かないで、ちゃんと授業をしてください」

ムカッ、ムカッとしたが、抑えて、抑えて。ホットな気持ちを抑えて、言いわけがましく、

「これは英語の諺なのだからさ。頭の体操と思ってさ。みんなで考えてみようよ」

すると、奈美《なみ》が言った。

「あたしはー、おかねの方がいいでーす」

この、奈美の滑稽《こっけい》な口調《くちょう》に、教室がドッと沸いてくれたので、私はホッとした。

ここで、電子辞書を見ていた洋平《ようへい》が手を上げて、

「分かりました！『雄弁は銀、沈黙はキン』です」

私は大きく頷いて、黒板に書いた。

Speech is silver, silence is gold.

加奈が傷ものに？

土曜日の午後の教務室での出来事。部活指導などで出勤していた先生たちも午後には帰宅してしまったので、室内は私一人。

ワープロを打っていると、突如、廊下で言い争う声がした。先生に叱られた生徒が反抗しているのだろうと思いながら仕事を続けていると、ギャーという叫びと一緒にドカーンと戸を蹴りつけるような音。さては、叱られた生徒がついにブチ切れて、腹いせにドアを蹴ったのか。それにしても、ここ二～三年絶えて無かった事件だ。

二～三分すると、興奮した様子の女子生徒が両手で顔を押さえながら教務室に入ってきて、どうも私の後方にある水道で顔を洗っている気配《けはい》。私はしばらくの間気づかないふりをしてから、おもむろに振り向いて、声をかけた。

「あれれ、バスケ部の加奈《かな》さんじゃないか。どうしたの？」

「殴られて唇《くちびる》切れた！　あいつ大嫌い。絶対許さない。反抗してやる！」と加奈。

「殴ったのは誰なの？」

「親父《おやじ》」

「えっ？　お父さん？　お父さんが学校へ来たの？」

このところ加奈の生活態度が乱れているということで、父親と二人で担任と面談していたらしい。

「親って、学校に呼ばれると緊張するんだよ。先生の手前もあるし、娘に反抗されると、つい手が出てしまうんだろうね。それにしても娘のかわいい顔を殴ってしまうとはねえ。頭だったらいいのにね。顔を傷つけられたら、せっかくの美人が台無しだよね。

自分の娘を傷ものにしてしまうなんて、とんでもないお父さんだよ。しかし、今どき殴ってくれる父親って珍しいな。貴重なお父さんだよ。でも、今頃お父さんは加奈を殴ってしまったこと、後悔しているよ。きっと」

「あいつ、父親なんかじゃない。畜生！　あたしの顔、こんなにしやがって。もう口を利《き》くのも嫌《いや》！」

「可哀想に。唇、少し腫《は》れてきたね。痛む？　でもさ、最初に自分を傷つけたのは加奈だろ。耳にピアスを通したときにさ。あれは痛くなかったの？　ピアスの穴は残ってしまうけど、唇の腫れは明日には消えるよ。でも、いちばん消さねばならないのは、心の傷だよね。加奈とお父さんの、両方のね。お父さんも後悔しているよ。父親の方からはなかなか言い出せないから、加奈から先に『ゴメン』って言ったらどうかな」

「絶対謝《あやま》らない！　顔も見たくない！　家になんか帰らない！」

「お父さんが一言『加奈、ゴメン』って言えばいいのにね。そう言えないのが父親さ。加奈さんの方から『ゴメン』って言えたら、その時点から父親を超えたことになるね。お父さんは照れて、ぶつぶつ言うけど、きっと心の中では、子供の時のように加奈さんを抱きしめていると思うよ。加奈という娘を持ったことを、これからずっと誇りにすると思うよ。『ゴメンね』のたった一言《ひとこと》で、加奈さんは素敵な大人になれるのだよ」

……それから三十分後、校門を出ていく一台の乗用車。その助手席には加奈がいた。

はだかのケン

残暑が猛暑となった九月初旬、木曜日の昼休みの出来事。

三年生の男子が二人、廊下の向こうから肩を怒《いか》らせて迫《せま》ってきた。そのうちの一人は、上半身を露《あら》わにしているではないか。すれ違いざまに声をかけた。

「おや、健《けん》くんじゃないか。上半身が丸見えだぞ！」

すると間髪《かんはつ》を入れずに、隣の晃《あきら》が反応した。

「せんせい、コイツ、『はだかのケン』って言われているんです」

晃のこの素早いユーモアに、私は大感激。晃も健も八月にテレビで放映された『はだしのゲン』を観たのだろうか。

もうすぐ就職試験がやってくる。その時までには、茶髪《ちゃぱつ》で裸のケンは、真面目《まじめ》な健君に変わっていることだろう。

未来の先にあるものは

一年生の二学期は現在完了形から始まる。なぜか、『時制《じせい》』にこだわる私。

過去↓現在↓未来、と時は流れる。

場所的には、『現在』とは君たちが存在しているこの教室。では、『未来』が存在する場所はどこか？　そこは、君たちの夢がある所。

未来のその先には何があるのか？　そこはこの私が向かいつつある所、『来《らい》世《せ》』。すなわち永劫《えいごう》なる未来。

英語では、過去よりも古い時制を『大過去《だいかこ》』という。大過去のそのまた向こうにあるものは何か？

……それが、あ・の・世。『あの世』とは、祖先の居場所。

来世、すなわち永劫の未来に向かったはずの私たちも、結局は祖先がいる遥かなる過去、すなわち『あの世』に戻ってしまう。

『現在』はすぐに過去となって『未来』に移り、その未来もやがて過去に戻る。この宇宙のように、われわれ人間もまた輪廻《りんね》している。

……では、今から現在完了時制の形と意味について学習します。

親ばか教師

九月下旬まで続いた猛暑のたぶん今日が最終日。教室内の気温は、なんと三十四度にもなった金曜日。四限目の一年生の授業でのこと。

バスケット部では活躍しているが、英語は大嫌いの翔太《しょうた》がめずらしく必死で鉛筆を動かしているので、そっと背後から近づいて覗《のぞ》くと、机の上の落書きに没頭しているではないか。

今まさにシュートしようとしてボールを掌《てのひら》にのせてジャンプしている様子がとても生き生きと描かれている。

「おい、翔太。君の落書き、いや、イラストは中々のものだな」

すると、翔太は目を輝かせて、「すみません。すぐに消します。でも、その前に携帯で写してもいいですか？　初めて褒められたので記念にしたいんです」

あくる日の新潟日報に素敵なイラストが載っていた。奴奈川姫《ぬなかわひめ》が牛に乗って星空を翔《と》んでいるのだ。大国主命《おおくにぬしのみこと》に想いを馳《は》せる奴奈川姫と、姫を乗せてちょっと恥ずかしそうに、それでも精一杯に天を駆《か》けようとしている牛に化身《けしん》した大国主命の様子を、とても豊かな感性《かんせい》でユーモラスに描いてあった。きっとこれは一流のイラストレーターの作品に違いないと思ったが、実際には上越公務員情報ビジネス専門学校生の作品だった。

もしかしたら翔太も上越公務員情報ビジネス専門学校へ進学して、将来は素晴らしいイラストレーターになるに違いない、などと勝手に決めつけている親ばかな教師でした。

担任教師の目に涙

授業はサボるし、居れば居たで、はた迷惑な行為ばかりしている実夕《みゆ》が、学級担任に説教《せっきょう》されていたので、遅れて教室に入ってきた。

「ミユを遅刻扱いにしないで」と言う。

「ああ、分かっていたよ。実夕さんは、担任に呼ばれていたから遅れたのだよね」

「うん。ミユは今から真面目になるネ」と中々しおらしい。

私は実夕のこの言葉に、親方の前で「心を入れかえます。すみませんでした」と言いながら死んでいった時津風部屋の斉藤俊君をダブらせていた。

授業を終えて教務室に戻り、さっそく学級担任に報告した。

「めずらしく実夕がちゃんと勉強しましたよ。そして『ミユは今から真面目になる』って言っていましたよ」

「えっ！　本当に？」と聞き返した担任の目には涙が浮かんでいた。

……ああ、相撲部屋の親方にも、弟子の言葉を信じて、その心情を思いやって涙してやれるだけの感性《かんせい》があったなら……。

新潟県出身力士、時太山の冥福を祈りつつ。

お世辞は七難を隠す

一年生も、ようやく二学期の中間試験が終わった。生徒にせがまれて、席替えをした。籤運《くじうん》の強い絵美、由実、瑠未の『やかまし三人娘』が最後列の窓際付近にかたまってしまった。

「こらっ、うるさい！　そこの三人組。エミ、ユミ、ルミ！　騒音魔女のトライアングルめ！　オレはバミューダ海峡のポセイドン様だぞ。静かに話を聞けっ！」と怒《ど》鳴《な》った。

「ふわ～、ゆ～先生が怒《おこ》ったあ。カッコいいよ～」と瑠未。

「うーむ。メタボあと1センチのこのオレをカッコイイと言ってくれたか。その見え透《す》いたお世辞で、気持ちが回復したぞ。また授業する気分になってきたぞ。『笑顔とお世辞は七難《しちなん》を隠《かく》す』と言うが、タイミングよくお世辞を言えるのも立派な才能だな」

すると、あちこちで、「ゆ～せんせ、カッコいいよ～」の大合唱となった。

形式美人と真美人

美咲《みさき》は色白の美人だが、ネガティブな思考が災いしてか成績が急降下している。

次の英文を訳してください。

「It was very natural for her father to get angry.」

美咲に当てたところ、案《あん》の定《じょう》、顔をしかめている。美咲はクラス一の美人顔だというのに、指名するとまず顔をしかめてしまう悪い癖《くせ》がある。

「あれ、あれ、美咲さんよ。指名されたら『やるぞ!』という顔してよ。嫌だと思うと凹《へこ》んだ顔になるからね。当てられたら、まず『やるぞ!』と気合を入れて、にっこりしてみせてよ」と言うと、美咲がにっこり頷いた。

「そうそう、美咲さん、とってもいい顔だよ。その素敵な笑顔を忘れないでね」

ところで、この英文のポイントだが、Itはto~以下を指す仮《かり》の主語すなわち『形式《けいしき》主語《しゅご》』で、to get angry が本当の主語すなわち『真主語《しんしゅご》』です。意味は、「彼女の父親が腹をたてるのは、ごく当然でした」です。

……「それでは、この英文を暗唱してください」と言って何人かに暗唱させているうちに、チャイムが鳴った。

教室を出ようとしていると、美咲がやって来て、「先生、私の暗唱を聞いてください」と言うではないか。

　この『やるぞ～』顔をして見せた美咲から、自信に満ちた笑顔がこぼれていた。

……『形式美人』だった美咲が、まさに本物の『真美人』に変身した瞬間だった。

小春日和の最後の日

　なぜか今日は、木々の葉が散り急いでいた。十一月二十一日の水曜日。

　授業を終えて、帰ろうと職員玄関から外に出ると、校舎の上の方から、「ゆ～せんせ～」と甲高《かんだか》い声が呼んでいる。振り向くと、夕陽が校舎を茜色《あかねいろ》に染めていた。三階の窓を開けて、二年生が、「さよなら～」と微笑んでいた。

　女子生徒たちが、今年の最後となった小春日和の中に身を乗り出して、「さよなら～」と叫んだ。その後方で、男子生徒が大きく手を振った。茜色の夕陽を映した窓ガラスがキラキラして眩《まぶ》しかった。私は、車のキーを高く振りあげて、『See you!』と言いながら車に乗り込んだ。

その瞬間、小春日和があっという間に木枯《こが》らしに変わった。木枯らしの『ひゅ～』と吹く息が、生徒たちの『See you!』という叫び声に同化して聞こえてきた。私の車は、木枯らしに急《せ》かされて互いに競い合いながら、ヒラヒラヒラヒラと舞ってくる銀杏の葉をかい潜《くぐ》って走っていた。

……翌、十一月二十二日の朝は、例年より二週間以上も早い初雪が、ドカ雪となって積もっていた。

指切りげんまん

年が明けて、このクラスは二度目の授業。

初美《はつみ》の様子がおかしいので、後ろに回って覗いてみると、机の上にはノートの代わりにルーズリーフが一枚置いてあるだけだった。日頃から、ルーズリーフはダメ、ルーズリーフで間に合わせようとする奴はルーズな人間なのだ、と言い聞かせてあるのに……。

「おや、初美さん。ノートはどうしたの？」

「終わってしまいました。授業はあと少しなので、ルーズリーフにさせてください」

「それは認めないよ。新しいノートを買ってよね」

「うーん。でもわたし、お金がありません」

「それなら貸してあげるけど」

「いいです。じゃあ買います」

「じゃあって、本当に買うのだろうね！」

「絶対に買います。誓《ちか》います。は〜い、指切り」と言って、私の前にすーっと小指を突き出した。

「そうか、小指の誓いだね」といいながら、私も小指を差し出した。

小指と小指を絡《から》ませながら、初美が誓った。

「指切り、げんまん。うそついたら、わたし、針千本の〜みます」

A Valentine Surprise

二月十四日の一年生の授業。

二限目のチャイムが鳴って教室に行くと、生徒は相変わらずストーブの周りでガヤガヤしている。

「騒々《そうぞう》しいぞ。早く席に着け！」

そして、教卓を見ると、大きなハートマークのチョコレートケーキが置いてあるではないか。

「おおっ、この手作りのチョコは誰の作品？」と聞くと、女子生徒がみんな手を上げて、

「はーい。わたし、わたし、わたし」と競い合って叫んでいる。

振り返ると、男子が黒板にメッセージを書いていた。

『この世でたった一人だけ。出会って、オレがオレらしく変われて、嬉しくて。かけがえのないonly one.　We love Mr. ゆ～』

春ふる雪は別離《わかれ》の涙

今日は卒業式。卒業生を代表して、奈理沙《なりさ》が答辞を読んだ。

「……私たちが反抗した時も、先生方はじっと見守っていてくださいました。そして、温かく諭《さと》してくださいました」

ここで涙を堪《こら》えきれなくなった奈理沙は、しゃくりながら答辞を読み続けた。

「おかげで、私たちは人間としても大きく成長することができました……」

私の目頭《めがしら》も熱くなってきた。涙を堪《こら》えようと、体育館の高窓に目をやると、雪が舞っていた。白い花びらのような、大きくて柔らかな雪だった。

卒業生、在校生、来賓、保護者、教師。式場にいる凡《すべ》ての者の涙が、春の雪になって降りてきた。

春が冬を振り放そうとしているように、涙で過去を振り切ったときに、はじめて生徒は未来に巣立って行《ゆ》けるのだ。

今日、二〇〇八年三月四日は、そのような日だった。

さよなら。先生、大好きだよ。

卒業式が無事終了すると、萌美《もえみ》、聡美《さとみ》、綾香《あやか》、都子《みやこ》の四人がやってきて、「私たちのこの写真、大切にしてね」と言って、四人が写った写真と手紙を手渡して行った。

『ゆ〜先生へ。三年間、ありがとうございました。一年生のときの英会話の授業から、お世話になっちゃったよね。最後の最後までありがとう。ほんとに、ありがとうね、先生。

先生の授業、楽しかったよ！　それから、ちゃんと運動してね。さぼっちゃダメよ。あと5キロくらいやせれば、ハンサム増すよ♡

いつか、また顔を出します。そん時は、ラーメンおごってね。本当に、三年間ありがとうございました。ゆ~せんせい、大好きだよ~』

う~ん。いろいろあったけど、みんな素敵な生徒だったのだね。

……そして、私はロミオに別れを告げるジュリエットの台詞《せりふ》を思い浮かべていた。

Good night! Parting is such sweet sorrow.

さよなら！　別離《わかれ》って、こんなに切《せつ》ないのね。

第二部　揺れる心と秋桜

（二〇〇八年四月～二〇〇九年三月）

満開の桜花の下で

平成二十年度がスタートした。

三月の名残《なごり》の雪の中を三年生が巣立ってしまった。その虚《むな》しさを新三年生が埋めてくれるだろうか。丁度あれから一か月、校庭の桜花《さくら》が今日満開になった。

満開の桜花を眺めていると、ますます虚しさが増してくる。美しいものを素直に愛《め》でることができたなら、きっとこの虚しさは希望に変わるだろう。


昼休みにデジカメを持ち出して、春の日差《ひざ》しを浴びて咲き誇る校庭の桜花を撮っていると、一年生のときに教えた新三年生の佳苗《かなえ》と志緒里《しおり》が声をかけてきた。

「今年こそゆ～先生から習いたかったのにい」と佳苗。

「今年はゆ～先生に英語を教えてもらえて嬉しいよー」と志緒里。

とにかく桜花の下で一緒に写真を撮ろうということになった。

佳苗と志緒里の間に立つと、二人は私に腕を絡《から》ませた。三人がスクラムを組んで、

「ハイ、チーズ」、そして、『V・V』とっても愛嬌《あいきょう》のある志緒里。彼女の明るいキャラが今年も授業を賑《にぎ》わしてくれるだろう。

佳苗の優しげな笑顔はとっても愛くるしい。そんな佳苗に今年こそは英語を教えたかったよ。

……今日は四月九日。満開の桜花の下で、白い歯を見せてVサインしてくれた、佳苗と志緒里の笑顔を私は忘れない。

……その昔、私にも若さに溢《あふ》れた日々があったのに、それに気づかないで徒《いたずら》に齢《よわい》を重ねてしまった。佳苗と志緒里。二人ともこの満開の桜花のように、こんなに輝いている自分を誇って生きてくれ。そして、明日には散ってしまうかもしれない桜花のように、今を、現在を、その一瞬一瞬を美しく鏤《ちりば》めてほしい。

クリーン嫉妬

一年生の最初の授業で。

「この時間に学ぶ英語は『英語G《ジィ》』です。私が教えるからジイと言うのではありません。Gは文法Grammarの頭文字《かしらもじ》のGです。だから風貌《ふうぼう》から連想して、私のことを『ジイ先生』と呼ばないでほしい。とにかくジイと言った者は減点します。ふつうは、Yu《ゆ～》先生って呼ばれているんだけど、一度でいいから、『冬のソナタ』のYun《よん》様って言われてみたいんだよね」

……そして、三週間ほど経った日の授業で。

私が板書《ばんしょ》をしている最中《さいちゅう》に、背後から「おジイ」と言う声がした。

「おいっ、今オレのことを『ジイ』と言ったのは誰だっ！　きっと咲良《さくら》だなっ」

「はい、すいませ～ん。うちのおじいさんの話をしていたんですぅ」

「そうなのか。咲良はオレ一人のかわいい孫だと思っていたのに、本当のお祖父《じい》さん

がいたのか。あ〜あ」と呟《つぶや》いて、教壇に戻ろうとしたら、

「あっ、せんせい、嫉妬《しっと》してる〜」と咲良。

「そうだよ。咲良がほしい花一匁《はないちもんめ》さ。これを『Gの三角関……数』って言うのだよ」

すると、ギャラリーから声がかかった。

「ゆ〜先生のクリーンシットだ！」

大きな人間になるぞい！

一年生のときに教えていた真緒《まお》も、はや三年生になった。しかし、この期《ご》に及んで退学するらしいと小耳《こみみ》にはさんだ。廊下で見かけたので話しかけた。

「真緒さん、学校やめるらしいって聞いたのだけど、どのくらい本当なの？　悩んでいるのかな？」

「本気で思ってます。一応自分の中で決まっていて、いまね、今まで以上に家計がっ

て感じで……。卒業は大事かもしれないけど、自分の中では今からお金を貯《た》めて助けないとって。んで、学校通いながらだとバイトの時間短いし、自分は二つのこと一緒にやるの難《むつか》しいからさ。んでね、今だったら行動できるって思って。なんとなくだけどね。まだ母親と担任にしか言ってないの」と真緒が心境を話してくれた。

「たぶん担任の先生と同じこと言うけど、休学するか通信制に行けば今まで取った単位が無駄にならないよ。いま働くとしたら、どんな所があるのかな？」

「そうなんだよね。通信へ行くならここに居ろってなるし、休学じゃないと通信は編入できないし、悩みどころなの。バイトする所も限られていて、スタンド、コンビニ、レストランとか……近くにないと通えないし。考えているの」


高三の真緒が家計を助けたいから学校をやめると言う。英語がよくできて、いつも笑顔で話しかけてきた。とっても明るい女の子だった真緒。本当に退学してしまうのかな。

「そうかあ。どこか良い所が見つかったら、当分は休学ってことになるのかあ。真緒さんは英語抜群だったたし、私の大好きな生徒だったから、学校はやめないでほしいよ」

「まずは親と話し合って意見聞いて、バイト探してみることにします。英語抜群は一年生のゆ〜先生の授業んときだけ。今はもう得意じゃなくなっちゃったの」

「人生って、いろいろ選択肢があって、多少間違えても本人次第でなんとかなるような気がするけどね。それにしても、ずいぶん早すぎて選択肢に迫られている真緒さんは、健気《けなげ》にみえるよ。とにかく頑張ってよね」と言うと、真緒は、

「人生って何でしょうか？　たぶん本当の答えは最後まで出ないでしょう。ね」と呟《つぶや》くように言って、「今日は暑いから、せんせいも体に気を付けてね」と私の健康にまで気を配ってくれた。

「ああ、そうするよ。それから、転退学のことは、やめたい理由と学校を続けたほうが良いと思う点をできるだけたくさんノートに書き出して、比べてみてから判断するといいよ」

「書き出してみます。でも、悩みそう！」

「悩みは人間を大きくしてくれるのさ」

「よ〜し。真緒は大きな人間になるぞーい」

わたし汗《アセ》っちゃう

一学期の学期末試験も終わったが、授業はあと二週間余りある。梅雨明け間近《まぢか》の、じめじめした真夏日。二年生の教室にはエアコンなどない。生徒は、下敷きや団扇《うちわ》などで顔を冷やしている。扇子《せんす》で扇《あお》いでいる者もいる。

「おい、おい。先生が我慢しているのに、君たちは態度がでかいぞ。下敷きくらいなら可愛《かわい》げがあるけど、扇子を使うなんて、いい身分だな」と言ったら、

「先生、僻《ひが》んじゃダメだよ。わたしが扇《あお》いであげる！」と祐佳莉《ゆかり》。

「ありがとう。でも、先《ま》ず、試験の答案を返却するから」と言って、答案を返して、解説をして、時間が余った。授業する気になれずに、

「扇子を使うなんて、ナンセンスだ。自分の答案を見て冷や汗かけば、エアコンなしでもクールダウン。ここで一句浮かんだぞ。『答案を　見てかくものは　恥と汗』だから、今日はアセらずにやろう」などと親父ギャグを連発して、時間をつぶしていると、また祐佳莉の声がした。

「先生、早く授業してよ〜」

「おお、今日の祐佳莉はやる気満々だね」と皮肉っぽく言うと、

「違うってばあ。先生の寒〜いギャグ聞いてると、わたしアセっちゃうよ〜」

本音とは裸を晒すようなもの

三年生は夏休み前に進路を確定しなければいけない。そんなときに沙奈絵《さなえ》が相談にきた。

「わたし、ほんとはフリーターがいいんだけど、ゆ〜先生はどう思う?」

「フリーター?　いいね。バイトの延長みたいで気楽かも。沙奈絵には立派なカレシがいるのだから、早めに結婚して子供を三〜四人育ててくれたら、社会に貢献できるしね」

「でも、親も担任もダメって言うの。会社に入るか、専門学校へ行けって言うの」

「建前《たてまえ》ではそうなるね。まさか学校が教育委員会に、フリーター『一名』なんて報告しづらいしね」

「わたし、建前や報告のために進路を決めるなんて嫌！　私はね、ゆ〜先生みたいに、本音《ほんね》で生きたいんだからさ」

「でもね。本音は、たった今の気持ち。建前は永《なが》く世間にも通用する生き方なのだよ。本音は裸《はだか》を晒《さら》している自分で、建前はスーツを着用している社会人ってとこかな。ところで、沙奈絵さんは何がしたいの？」

「デパートみたいな所で、子供服を売るのがいいな」

「そお。親が専門学校へ行かせてくれるのだから、そういう所で確かな技術を身につければ、一生《いっしょう》ものだよ」

「そっかあ、一生ものかあ。　そいじゃ、私これから進路室に行って相談してきます。やっぱし、ゆ〜先生だ。ありがとう」

浮気な前置詞

An old lady went out shopping last Wednesday. She came to a bank and saw a car near the door. A man got out of it and went into the bank. She looked into the car. The key was in the lock. The old lady walked into the bank slowly and followed the man to the counter.

「さて、話の内容は単純なので、ここでは、in, into, out ofといった前置詞に着目して、もう一度読んでみよう」と言ったところ、凌太《りょうた》が、「先生！『ぜんちし』ってなんですか」と質問した。

私が教師になって間もない頃に、『英語教育不毛の根源は英文法にある』ということで、英文法排斥運動のようなものが起きた。それ以来、英語教育にとって、文法用語を使うことがタブーになってしまったのだ。

「う〜ん、いい質問だ。たとえば、She looked into the car.の文で、intoという単語だが、the carという名詞の前にあるね。このように名詞の前に置かれている詞《ことば》だから、前置詞なんだよ。君たちは、carのような名詞はよく知っているんだよなあ。なにしろ名詞は目立つからね。しかし、よく考えてみると、車の『中』とか車の『外』というと、車は前置詞によって意味が束縛されているだろう。たとえば、凌太は体が大きいので前にいる輝《あきら》より目立つけど、実は輝の言いなりになっているんだろ。言い換えれば、輝と凌太は『前置詞＋名詞』の関係なのだ。この説明で納得してくれたかな?」

なぜか、ここで、一斉に拍手がきたので、調子に乗って言ってしまった。

「でもさ、前置詞は隣の動詞と強く結びついたりすることもあるのさ。そうすると、もともとの意味が消えてしまって新しい意味を持った熟語になってしまう。

She looked into the car.で、intoがcarと一緒になっていれば、『車の中を見た』だけど、動詞のlookにくっついてlook intoになってしまうと『調べる』という意味になるんだよ。たとえば、もし輝が隣の席にいる来《くるみ》の方へ行ってしまうと、輝と来ではないもっと進化した意味が生まれる。すなわちlook intoはexamineという意味に生まれ変わるのさ」

ここでも、拍手か、せめて笑いが取れると思ったのに、なぜかシーンとなった。

……翌日の早朝、ウォーキングを兼ねて校舎内を巡っていると、特別教室棟の四階から屋上に通じている人通りのほとんどない階段の隅に、仲良く座っているカップルがいた。それは、輝と来だった。

玉手箱を開けると

転勤のたびに、机の中に溜まっている私物を段ボール箱に投げ込んで家に持ち帰り、そのまま部屋の片隅に積み上げてある。老い先は長くないのだから早く処分しろと妻に言われていたので、この連休に整理を始めた。その中に、角を丁寧に折りたたんだ薄黄緑色の厚手の封筒のようなものがあって『D２Aより、ゆ～先生へ』と上書きがしてあった。D２Aとは、私が三十数年前に勤務していた学校の家庭科二年A組のことだ。開いてみると、「Please take good care of yourself.　宮下和子より」とか、「たった五か月だったけど、英語が好きになりました。　小林須美子より」とか書いである。たった五か月教えただけで生徒と別れたことなどあっただろうか？

同窓会名簿を取り出して見ているうちに、記憶が少しずつ蘇《よみがえ》ってきた。私が内地留学した年の生徒だった。昭和四十九年の九月から半年間、東京教育大学へ内地留学をしたことがあった。たった五か月しか教えなかったのに、生徒は寄せ書きを贈ってくれたのだ。学級担任の先生が気を利かせてくださったのだと思うが、私はお礼も言わずに三十数年間も過ごしてしまった。寄せ書きの旧姓と住所などから、もう五十歳を越したであろう彼女たちの現在に思いを馳せながらそのメッセージを読んだ。


「大嫌いな英語だったけど、先生の授業はおもしろかったわ！　木賀広美」

「先生に習ったEnglishはいつまでも忘れません。元気で、ね。　小島幸子」

「楽しい授業ともお別れ。さみしいけど、これからも英語頑張ります。　丸山圭子」

「美人のクラスで授業できて、先生も幸せでしたね。もう一度ゆ〜先生に会える日を楽しみにしています。　宮崎京子」

「去年はといえば、英語大嫌いだったのです。でも、でも、今年は好きになってしまいました。なぜでしょう？？？？　英語はとても楽しかったです。　石井佳代子」

「嫌いな英語も好きになりました。でも先生がいないとやっぱり嫌いになるかもしれません。私、さよならは嫌いです。もう永久に会えないみたいで……だから、さよならは言いません。先生、ぜったいにまた会えますよね！　ムッチーこと高橋睦子」

「ゆ～先生の授業、とってもユニークでおもしろかったよ！　たま～に、わたしの心臓ドッキンコ、ドッキンコしたけど……ネ！　久保田まゆみ」

「ゆ～先生と私たちとは、友達同士のようなものでした。先生がおもしろかったから！　そして顔もあきがこなかったから。十年たってもよろしくね。　佐貫智子」

「先生の発音練習大変勉強になりました。これからもスバラシイ美声を永久に！　じゃあ、またね。　里子、久子、典子、良恵、美津子」

「先生頑張って！　ゆ～先生の顔みれないと思うと寂しいよぉ！　望月恵美子」


こんなに素敵な生徒たちだったのに、顔も名前も憶えていなくて、ごめんね。今日初めて開けたこのメッセージ。玉手箱のように。みんなに会いたいよ。会えるものなら、会いたいよ。みんな、それぞれが幸せになっているよね。こんなに心の優しい生徒だったのだから、きっと幸せになっているよね。

駕籠《かご》に乗る人、担《かつ》ぐ人

就職試験が始まっている。今年は、不況のあおりで高卒生の就職はとても厳しい。競争・格差社会の中で、自己主張が苦手でただひたすら実直に生きようとしている彼らにとって、二十一世紀の社会はあまりにも非情である。

競争社会を否定するわけではないが、ほんの一握《ひとにぎ》りの勝ち組のエゴが、実直に生きようとしている多くの人たちの最低限の働く意欲さえ削《そ》いでいる。このような初歩的な事実にさえ気付《きづ》かない二十一世紀は、理性を欠いた『狂争社会《きょうそうしゃかい》』なのだろうか。

先日、大相撲秋場所の千秋楽《せんしゅうらく》を両国国技館で観戦した。まだ若い序の口の力士、行司《ぎょうじ》、呼び出しの真剣で初々《ういうい》しい立ち居振る舞いに、わが高校の生徒たちが重なって見えた。

この心情を以下のように書き留めた。

「大相撲の千秋楽を序の口の取り組みから観戦した。年若い力士に童顔《どうがん》の行事や呼び出したちが、『大相撲』という組織の中で修業し、自分の職責を精一杯全《まっと》うしようとしている。その真剣な姿に感動した。また、土俵下で彼らを見守っている親方衆の眼差《まなざ》しも、心なしか温かかった。

この秋場所も白鵬の優勝で終わったが、大相撲の土台は幕下以下の若者たちによって支えられているのだと思った。大相撲の道を選んだ彼らの将来のためにも、相撲協会は更なる改革を惜しまないでほしいと願っている。」

新潟県出身の力士、時津風部屋の時太山が死亡した事件は、一将功成《いちしょうこうな》れば、万骨《ばんこつ》は枯れても構わない、といった二十一世紀の行き過ぎた『競争・苛《いじ》め社会』がもたらした典型的な悲劇である。

更紗《さらさ》の誓い

九月一日。夏休みが終わり今日から学校だ。廊下や教室で生徒の声が飛び交《か》っている。久しぶりに級友たちに会うのだから、話が弾《はず》む。この騒々《そうぞう》しさが何とも言えなく懐《なつ》かしい。これが学校なのだ。

三年生のこのクラスの女子は、授業になってもまだ騒々しい。一番の大声で燥《はしゃ》いでいるのが、更紗《さらさ》だ。私も負けじと大声で「こらっ、うるさいぞ更紗！　更紗の誓いを忘れたのか！」

「あっ、そうでした。更紗の誓いは守ります。ゴメンなさ～い」と更紗。

「なに、なに？　更紗はゆ～先生と何を誓ったの？」と好奇《こうき》な周囲の生徒たち。

……実は、夏休み前の授業で、怒った私は更紗から携帯を取りあげたのだ。

放課後、更紗に「命よりも大切にしている携帯を、よくぞ素直に差し出したものだね」と言うと、

「ウチら、ふつうーあんなことされたらキレちゃうんだけど、ゆ～先生なら、どんな

に叱られても全然いいです。二学期からは、うるさくしたりケータイ構ったりしません。約束します。誓《ちか》いを破ったときは、いつでも更紗をたくさん叱《しか》ってください」と更紗はまるで今賑《にぎ》わしている国会の『ぶって姫』みたいな台詞《せりふ》で誓った。

……これが『更紗の誓い』の概要なのだ。

想い起こせば、彼女たちがまだあどけなかった一年生の頃、韓流ドラマ『チャングムの誓い』に、生徒も私もハマっていたのだった。

ジベタリアンは死んでしまった

九月に入ったのに三十度以上の日が続いている。教室は窓際《まどぎわ》ほど暑い。窓際の席の朱実《あけみ》が、

「せんせ〜暑いよお。席、動いていいですか？」

「ああ、いいよ。でも空《あ》いている席はないよ。こんな時に座席を替わってくれる者な

どいないから、我慢するしかないね。若者は逆境《ぎゃっきょう》に耐《た》えてこそ育つのだ。この暑さは、朱実に神様が課した50分の試練だよ」

「血液が沸騰《ふっとう》しちゃうから、入り口の床の上に座《すわ》っていたいよ～。いいでしょお?」

「いいよ。でも朱実がジベタリアンだとは知らなかったよ。ジベタリアンに遭遇《そうぐう》するのは久しぶりだなあ」

「あたし、ベジタリアンじゃないよ。昨日もステーキ食べたよ」

「ステーキ食べてステキに育った朱実さん。地べたに座っていたら、育ちの良くないジベタリアンになってしまうぞ」と言うと、
朱実、「???」

すると、誰かが言った。

「あっ、それでジベタリアンってゆうんだあ。ゆ～せんせーのギャグ冴《さ》えてるう～」

……今日はギャグに感動してくれてありがとう。でも、『ステーキ素敵』は親父ギャグだけど、『ジベタリアン』は君たちが生まれた頃の流行語だったんだよ。ああ、今ではジベタリアンはすっかり死語になってしまったのだなあ。

The jibetarians have long since gone into the ruins of the 20th century.

ねこじゃらし

まだまだ残暑。夏の疲れか退屈な授業のせいか、瑠里《るり》が居眠りしている。半袖のブラウスから日焼けした肉付きのよい二《に》の腕《うで》まで見せて、まるでトンボのような格好で机に伏《ふ》せっている。

私は近づいて行って、オニヤンマが水面に卵を産み付けるように、肘《ひじ》のあたりをツン、ツンと突《つつ》いてやった。ぴくりともしないので、今度はお団子のような、とっても愛らしい瑠里の鼻をヒョイと摘《つま》んだ。

「あっ、るりちゃん早く起きて！　ゆ～せんせいにセクハラされちゃうよ」と隣の奈《な》可《か》が笑った。

「セクハラなんかじゃないよ。愛の目覚時計《めざましどけい》だよ。瑠里は何だと思った？」

片目を半分あけて瑠里が答えた。

「う～ん、うちんちの子猫が、戯《じゃ》れていたんだよ～お」

……そう。窓の外はもうすっかり『ねこじゃらし』の季節になっていた。目にはまだ見えていない残暑の終焉《しゅうえん》を知らせるかのように、ねこじゃらしがすっかり重くなった穂を垂《しだ》らせて、あちこちで「ツン、ツン、ツン。ヒョイ、ヒョイ、ヒョイ」と揺れていた。

名残の月

「せんせ～、ジョーバ行こうよ。ジョーバ、連れてって」二年生の由奈《ゆな》が言った。

「ああ、いいよ」と答えたが、ジョーバって「乗馬」のことなのかな、などと考えを巡《めぐ》らせた。近くに乗馬ができる遊園地などあるかな？　もしかしてメリーゴーラウンド？

「どこのジョーバなの？」

「上越大通りのセブンの前のジョーバだよ」

……あっ、そうか。それは「上越バイキング」という焼き肉店のことだった。

授業中は落ち着きがなく、成績も下降中の由奈だった。だから、「ジョーバ、連れてって」は、「由奈のことを見捨てないで」と同義語《どうぎご》だと思っていた。

夏休みが近づくと、由奈がまた言った。

「せんせ〜、ジョーバ連れてってえ〜」

「ああ、いいよ。英語を頑張ったらね」と答えた。

……そして、夏休みに入り、夏休みが終わった。


二学期が始まって二週間が過ぎるというのに、由奈は学校に来ていない。夏休みの間に両親が離婚して、由奈は母親と一緒に他所《よそ》へ引っ越したのだという。親しかった級友との連絡も途絶《とだ》えているらしい。


……そして、今日九月十二日は、初秋の九月の十三夜。見上げる空には、名残《なごり》の月が雲間隠《くもまがく》れに見えていた。

……ああ、そうだったのか。「せんせ〜、ジョーバ連れてって〜」は、父親に言いたかった言葉だったのだ。

まだ子供だった頃、由奈は両親に連れられて何度もジョーバに行ったのだろう。家族が団欒《だんらん》して、あんなに楽しいバイキングだったのに。

そう、あの店では大好きなプリンやケーキも食べ放題《ほうだい》だった。そして由奈は、くるくる回っている綿飴機《わたあめき》の前にじっと佇《たたず》んで、夢を、純白な夢をふわふわと膨《ふく》らませていたことだろう。

……由奈は行ってしまった。父への思いを断ち切るように。それとも、もう二度と会うことの叶《かな》わない父親との思い出を、楽しかったあの頃の思い出を、呼び戻そうとしていたのか。

「せんせ〜、ジョーバ連れてって〜」この言葉を私の心に置いたままで……。

秋桜《コスモス》のように

六限の授業が終わった。放課かと思ったら、生徒はこれから屋外《おくがい》清掃と花壇の手入れをするのだという。花壇の傍《そば》に駐めておいた車を慌《あわ》てて移動させていると、チューリップの球根を抱《かか》えた三年生の女子数人が近寄って来て、「ゆ〜先生、もう帰っちゃうの？」と言いながら、私の車を取り囲んだ。

てんでに四方のドアを開けて車内を覗《のぞ》き込み、「なんでミネラル・ウォータなんか飲んでるの？」、「タバコは吸わないの？」、「シートの座布団《ざぶとん》、趣味良くないよ」、「もみじマークがついてないよ」などと、好き勝手な口上《こうじょう》を述べ立てて、彼女たちは、また秋風のように去って行った。

残暑の延長のような小春日和《こはるびより》の昼下《ひるさ》がり。その日溜《ひだま》りの中で、秋蜻蛉《あきとんぼ》が高く舞い、秋桜《コスモス》が揺れている。無心にこの瞬間だけの陽ざしを満喫《まんきつ》して、きらきらと翅《はね》を輝かせている秋蜻蛉。少女たちの繊細《せんさい》な心のように、微《かす》かな空気の動きにも反応して揺れている秋桜。

サブプライムローンの破綻《はたん》などで大きく揺れ動いている世界へと放《ほう》り出されていくこの生徒たちの未来と、あと十年、五年、三年と収斂《しゅうれん》していく私の余命《よめい》。この地球に、不確実《ふかくじつ》な未来しか残されていないとしたら……。それでも、若者には「夢を持て」と言い続けなければいけない。「夢はある」と信じ込ませなければならない。

残された僅《わず》かな日溜《ひだ》まりの中で無心に翅《はね》を動かしている秋蜻蛉のように、柔らかな空気に包まれて無邪気《むじゃき》な心を震《ふる》わせている秋桜のように、未来を疑わずに美しく生きてほしいと、……。


いま、三年生が植えつけているチューリップの球根。美しく咲き揃うその花を、彼らは自《みずか》らの目で見ることはないだろう。それなのに、彼らはせっせと植えつけている。空想の中で、咲き揃う美しい花を思い描いて。やがて、春がめぐってくれば、見事に開花したこの球根が、後輩たちに幸せをもたらしてくれると、そう信じて……。

せんせ～、染まらないでよ

十一月に入ると、急激に寒くなった。校庭の銀杏《いちょう》が鮮やかな黄色に変わった。今日は特に寒い。上着の下にカーディガン、さらにその下にベストと三段重ねに着込んで、三年生の授業に出た。授業に熱が入るにつれて体が温まってきたので、上着を脱いだ。すると、目敏《めざと》く私のカーディガンの色に目を留《と》めて智慧《ちえ》が言った。

「せんせ～、紫ダメだよ。貝谷先生に染まっちゃうよ」

貝谷先生は美術の講師をしておられる女性である。紫を基調《きちょう》にした斬新《ざんしん》な画風《がふう》で知られている。その熱心な指導のおかげで美術部生徒の創作レベルも向上している。しかし、貝谷先生の強烈な個性に、智慧の性格が合わないらしい。

「そおか、オレは貝谷先生とは三十年以上も前からの知り合いなんだけど、智慧がそう言うのなら智慧の意見に従うよ」と言って、私はおどけた仕草《しぐさ》で紫色のカーディガンを脱いだ。カーディガンの下は濃緑色のベストである。

「どうだ、智慧。この色なら、貝谷先生に染まっていないだろ」と言いながら、my

dark-green vest を引っ張ってみせた。

「うわ〜、その色、いいよお！　その色、好きだよ〜。ちえわあ、ゆ〜先生の色が一番好きなんですう」

赤、黄、緑、紫。いろいろな色を吸収して、生徒は素敵な自己色《おのれいろ》の個性を形成する。だがしかし、時代は学力一色。教育が空洞化《くうどうか》して、学校教育は学力色《がくりょくいろ》に染まってしまった。その結果、さもしい心の日本人を続々と排出、否、輩出《はいしゅつ》している。

寒い学校、冷たい教師

昨夜から一月下旬なみという寒波が襲来《しゅうらい》し、今日は霙《みぞれ》が雪になっていくような寒い日となった。しかし学校はまだストーブを焚《た》かない。先日、昨年と比較した光熱費の学校別一覧表が県教育委員会から送られてきた。本校は県立高校の中でワースト2だったので、校長と事務長がとても神経質になっているのだ。実は、三年以上も前から倹約・節約に取り組んできた本校は、削れるところは全部削ってしまったので、これ以上削減できない状態にあったのだ。

　長年節約に努めていた学校を低く評価し、県の通達を見てようやく削減に取り組んだ学校を高く評価するなんて全くナンセンスだ。新型インフルエンザ流行の兆《きざ》しもあるというのに、現在の教育界は悲劇というよりも喜劇なのだ。

　寒さで曇《くも》る窓ガラス。外は霙の教室で、ただ淡々《たんたん》と授業する。生徒は凍死寸前のカメムシのように、じっと静かに動かない。だから授業も淡々と進んでいるのだ。

　突然、真里菜《まりな》が言った。

「先生、どーしたの？　今日のゆ～せんせーは、すごく冷たいよ」

「そお？　そう見えるかな？　でも冷たいんじゃないよ。ただ寒いだけだよ。なぜか今日はオレの背中がとっても寒い。ただそれだけだよ」

　すると、真里菜が真顔《まがお》で言った。

「ただそれだけ。そおですか。今日は『た・だ・そ・れ・だ・け』の、とってもさむ～い日なんですね」

空蝉の苦しみ

二学期末試験があと一週間に迫《せま》っているのに、二年生の日倫《はるみち》は授業に集中していない。日倫は、来年のNHK大河ドラマ『天地人』の主人公、直江兼次《なおえかねつぐ》ゆかりの寺の跡《あと》取息子《とりむすこ》である。彼の祖父と私は現役時代に同じ学校に勤めていた同僚だったので、日頃から目をかけていたのだが、このところ成績が急降下中なのだ。

「おい、日倫君よ、いったいこの頃どうしたの？　授業に集中してくれよ」

「先生、今の僕はそれどころじゃないんだから、ほっといてくれよ。でないとここから飛び降りて死んじゃうぞ！」と日倫が私に食ってかかった。

「おい、おい、オレを脅《おど》す気かい？」と言いながら、四階の窓を開け、下を覗《のぞ》いて、

「う～ん。これは目が回りそうな高さだ。でも、真下は花壇だから、きっと枯草が君を受け止めてくれる。だから君は絶対に死なない。しかし百パーセント骨折するから、もの凄く痛いぞ。腰が折れれば、半身不随になるぞ。心の痛みよりも肉体の痛みの方が、ずっと苦しいのだぞ！」と諭《さと》すと、

「僕は口ではそう言っても、自殺なんかしないから。でも今、僕の魂は死んでいるので、勉強どころじゃないですよ」

「それでは、ここにいるハルミチは日倫の抜《ぬ》け殻《がら》だな。空蝉《うつせみ》のハルミチかな？　分かったぞ、君の苦しみは脱皮《だっぴ》の苦しみなのだ。いわば『空蝉《うつせみ》の苦しみ』というやつなのだよ」

「せんせい、ぼく小学校の時、夏休みにセミの羽化《うか》を観察したよ。脱皮の最中に人が触《さわ》ったり引っ張ったりすると、セミは脱皮しなくなって、そのまま死んでしまうんだ」と日倫が言うので、

「それって、授業を怠《なま》けても叱らないで放《ほう》っといてくれ。でないと、死んじゃうぞって、またまたオレを脅迫《きょうはく》しているのかい？」

「違うよ。ゆ～先生、ありがとう。『う・つ・せ・み』が気に入ったから、僕は源氏物語を読んでみます。英語でなくて、すいません」

A Lag Time Memory　あとの祭り

携帯の基本料金を変更しようと、スーパーマーケットに隣接するドコモショップに立ち寄った。年末なので、カレンダーやハンドソープなど沢山の景品をもらった。店員の親切な応対に満足しながら、景品を抱えて駐車場に戻る途中で、

「おじさん、何か落ちましたよ」と叫ぶ声。盛沢山《もりだくさん》の景品の一つを落としたのだ。落としたハンドソープを拾い、声をかけてくれた男性の車に歩み寄って、

「私をおじいさんではなく、『おじさん』と呼んで頂きありがとうございました」と礼を言った。すると、その男性は運転席のドアを開けて、

「おや、ゆ~先生じゃないですか？」

その男性の顔をまじまじと見ながら、記憶を呼び戻そうとしていると、

「間島ですよ」

「ま・じ・ま・さん？　えーと、確か工業化学科で教えた間島君？」

「そうです。高校時代に英語を教わりました。でも、できが悪かったもので……」

「そんなことはないですよ。間島君って、消防士になられたんですよね」

「違いますよ。消防士になったのは一年上の間島ですよ。私は先生に迷惑ばかりかけていた間島です」

ちょうどこの時、買い物を終えた奥さんが車に戻ってこられたので、

「では、良いお年を」

「先生もお元気で」

と、挨拶もそこそこに別れた。

帰りの車を運転しながら、四十年以上も前の記憶を辿《たど》った。

あの顔だった。いま出会った間島さんの顔が、少しずつ、四十数年前の間島君の顔と一致してきた。

……そうだった。あのとき、腹を立てた私は、間島君のびしょ濡《ぬ》れのスニーカーを雪の中に放り投げたのだった。

……ある大雪の朝、教室に入ると、ストーブの周《まわ》りから湯気《ゆげ》が濛々《もうもう》と立ち上《のぼ》っていた。生徒が雪塗《ゆきまみ》れになったスニーカーを勝手に乾《かわ》かしていたのだ。

今では当たり前になってしまっている光景で、いちいち腹を立てることでもない行

為である。しかし、四十年も前の私は、その行為を咎《とが》めた。どんなやり取りがあったのかは忘れてしまったが、私は湯気の立っているスニーカーを教室の外へ放り出した。

『それは僕のスニーカーだ！』と間島君が叫んだのを覚えている。

……間島君は、あのスニーカー事件をどう思っているだろう。今でも私を恨《うら》んでいるだろうか。それとも、高校時代の懐《なつ》かしい想い出にしてくれているだろうか。

今日こそ、このことを間島君に謝罪すべきだったのに、

「じゃあ、また」などと言って簡単に別れてしまったけれど、四十数年前のあの大雪の日の朝の私の行為を聞き質《ただ》す機会は、もう二度と訪れることはないのに。

あけおめ！

三学期の始業式は一月八日が恒例だったのに、なぜか今年の始業式は今日、一月七日だった。学校へ行くと、廊下ですれ違いさまに生徒が「あけおめ！」と声をかけて

きた。初めて聞く言葉だが、知っているふりをして私も、

「よお、あけおめ！」と返した。

始業式が終わって、三年生の授業に出た。教壇に立つと、生徒が一斉に、

「あけおめ！」と挨拶したので、虚《きょ》を突かれた私は、思わず、

「Happy birthday!」と返して、シマッタ。

すると、最前列の優花《ゆか》が、

「えっ？　誰の？　もしかして、ゆ〜先生の誕生日ですか？」

「あっ、シマッタ。自分の誕生日を思い出してしまった。そもそも、一月七日に学校が始まるなんて、生まれて初めてだよ。小学生のときから今日まで学校で『誕生日おめでとう』なんて言ってもらったことが無かったのに。もう言ってほしくない年齢になってから始業式が一日早まるなんて、人生ってまったく皮肉だよ」

「やっぱり。ゆ〜せんせい、何歳《いくつ》になったの？」と優花。

「それは言えない。女性とお年寄りに年齢を聞いてはいけないんだよ」

「ど〜して？　いいじゃん。人間は正直に生きなきゃなんないよ」

「いや。人は誰でも、己《おのれ》の実態を知ったら悲観してしまうよ。オレは楽観的に生きた

いんだからさ」

「へえ〜？　そいじゃあ、ゆ〜せんせいは六十歳ってことにしといてあげるよ」

「ありがとう。優花は優しいね。だから優花さんの二学期の英語の点は実態より良くなっていただろう？」

「あっ、ほんとだ。そいじゃあ、これから先生を『ゆ〜クン』って呼んであげるね」

……今日は優花のおかげで、古希《こき》が還暦《かんれき》に戻った私の誕生日でした。

携帯中毒

新年早々、一年生の潤也《じゅんや》が教務室にやってきた。追試験のことで呼ばれたらしい。浮かぬ顔の潤也に声をかけた。

「おや、誰かと思えば、ジュンヤじゃないか。元気だったかい？」

「あ、ゆ〜先生。ぼく、英語は赤点じゃなかったですよ」

「当たり前だよ。君の英語はそんなに低いレベルじゃないだろ。クラスでも上位だよ」

「え？　そんなによかったかなあ。英語は嫌いじゃないですけど」

「君は授業中も携帯から手を離さないから、オレに叱られっぱなしだけど、語学の才能があるのに惜しいよ。まったく」と言うと、とつぜん笑顔になった潤也、

「僕、今年は真面目にやります。もう、迷惑かけません」

私は、教務室を出ていく潤也に追い打ちをかけた。

「潤也よ、学力を育てるのは集中力、赤点を生むのは執着心だ。だから、携帯に執着してはダメだぞ。授業に集中だ！」

「はい、分かっています。もう、携帯に集中するのはやめます」

夢少女《ゆめおとめ》

「私は人と話が合わない。私は誰にも好かれない。だから、友達がいない」と陽果《はるか》。

「そんなことないよ。話しづらかったらメールにしなよ。彼、アドレス渡してくれたんだからさ」とアドバイスしているのは那菜《なな》。

「ダメ、絶対ダメ。上手くいかないに決まってる。だって、私は脳に障害があるの。アスペルガー症候群だって診断されたんだから」

「陽果と話すの、結構たのしいよ。陽果の頭には知識がいっぱい詰まってるから、急に話が飛んだりするけど、それって面白くていいよ」

二人の会話を盗み聞いて、私が口をはさんだ。

「えっ、陽果さん、今なんて言ったの？　アスパラガ……？」と聞くと、陽果が言った。

「『アスペルガー症候群』だから私は人と付き合うのが苦手なんです」

「でもね。人間って、誰もがどこかおかしいんだよ。神経の一部に障害があると、そのほかの箇所に血液がいっぱい行くから、かえって頭が良くなるんじゃないかな。実際、陽果さんの英語は抜群だし、英検だって二級だものね。いいキャラしてるから、陽果さんの周りには、那菜さんのような友達が結構いるみたいだし。陽果の性格、先生も大好きだよ」
「ゆ～先生となら普通に話せるけど、男子とは絶対話すことできない。どうせ、一生一人でいるんだから」

三年生の陽果は「ライトノベル」なるものに凝《こ》っている。授業中でも構想が湧《わ》いてくると、ノートに何か書いているようだ。絶対に見せてはくれないが、ノート数冊分の物語があるようだ。卒業後は東京の専門学校で小説の勉強をしたいと言っているが、両親が許してくれそうもない。手もとに置いておかなければ心配なのだ。だから、当分は親もとでフリーターをするらしい。

今日が最終授業となる陽果のクラス。
終業チャイムの直前に、陽果のノートを覗《のぞ》くと、

「イヤッ、見ちゃダメ！」

陽果に突き飛ばされて、私は大げさによろけた。

「アッ、先生ゴメンなさい」と言って、陽果が私の上着を引っ張った。

グイッと引き寄せられた私は、反動でまた陽果のノートを覗き込んだ。

「おお、面白そうなことが書いてあるな」と言うと、今度はあっさりとノートを私に見せてくれた。


ペンネームは、子仔丸夕湖《ねこまるゆうこ》。

『今宵月は見えずとも』

第一部　獅子は荒野を越えて

理想の学園都市、松露葉《まほろば》を邪悪集団Codebreakers《コードブレーカーズ》から守ろうとして、主人公のギャッツビーが大活躍する物語が描かれていた。

……作家を夢見ている純真無垢《じゅんしんむく》な少女、陽果が、このままでも十分幸せに過ごしてゆけるように……。二十一世紀はそのような、『周囲が優しい』社会になってほしい。

Sunny, Sunny

今年度の凡ての授業が終わって、三月。季節が春めいてくると、いつも襲ってくるこの寂寥感《せきりょうかん》。三月は別離の季節なのだ。

生徒は嬉々として未来に向かって行こうとしているのに、過去を手放せない私。

旅立つ生徒をいとおしむのは、過去に縋《すが》ろうとする未練《みれん》なのか。

しかし、卒業生に贈った餞《はなむけ》の言葉は、未練な心の裏返しだった。

題して、『サニー　サニー』

さあ、太陽に顔をむけよう
　きっと、きっと、君の顔が輝くよ。
今日も、太陽と一緒に歩もう
　そして幸せな一日を掴もうよ。

明日も、太陽を見つめていようね
いつも、いつも幸せでいたいから。

第三部

透百合に染まって

（二〇〇九年四月～二〇一〇年三月）

April 8, 2009

校庭の桜があっという間に満開となり、授業が始まった。最初の授業は三年生の選択英語。この授業の中核は、ＣＤ教材を使っての英文聞き取りの訓練である。先ずは、授業の進め方と定期試験や評定の算出方法について説明。次いで生徒の役割分担を決めた。

結構重い旧式のＣＤプレーヤーの運搬係りは、柔道部の翔平《しょうへい》君。号令係りは野球部の聖《さとる》君。「にこやかに、明るい声で『ハーイ、Good morning, everybody.』で始めよ」というのが英語授業の鉄則であるが、冒頭からこれでは授業が締まらない。高三の授業である。勝負の年なのだ。勝負とは、相撲の立ち合いのように気合と集中なのだ。さらに、教わる者の謙虚さの表明。挨拶にはこれらが込められていなければいけない。だから授業は、「起立、礼、『お願いします』」で始める。

「さて、さて、黒板係りを誰に頼もうかな」と言うと、梨帆《りほ》と目が合った。

「梨帆さんは一年生のとき、黒板係りをやってくれたよね。いつも黒板がきれいになっていたので気持ちよく授業ができたよ。今年もお願いね」

梨帆が笑顔で頷《うなず》いた。すると、隣の美月《みづき》が手を上げた。

「先生、私も手伝います。黒板拭きを掃除する係りです」

……というわけで、今年の三年生は、みんな素直で素敵な生徒のように思えてきたのである。

成績評価は学力プラスＥＱで

新学期が始まると、プリントを配って、授業を受ける心構えと、英語の成績の出し方を生徒に説明する。

授業の受け方について

㈠　始業のチャイムが鳴り終わるまでに席に着いていること。
㈡　必ず机の上に出しておくもの、教科書・ノート・辞書・筆記用具、それに両手。
㈢　スマホや携帯類はロッカーか鞄の中に入れておくこと。
※疑われるような行為はすべきでない。これを『李下《りか》に冠《かんむり》を糺《ただ》さず』という。
㈣　私語、居眠り、無関心などは授業を妨げるので減点対象行為。
㈤　加点対象行為は、よく答える（正解の必要はない）、笑顔で頷く、ギャグを言ったらお世辞で笑う。
※笑顔とお世辞は思いやりの心である。

評価（評点）について

学期ごとの評点は次のように算出する。
①　（中間試験の得点＋期末試験の得点）÷２×0.9で、90点が満点
②　小テスト、ノート、提出物で、０～10点を加算
③　授業中のマナーと授業貢献度で、マイナス10～プラス10点を与える。

以上①＋②＋③が学期の評点となる。

（ただし満点は１００点で、１００点を越えた分は次学期に持ち越す）

※授業貢献度とは、「教師が思うような授業を行える雰囲気や環境づくりを、声や態度に出して積極的に示すこと」です。

……学力万能といった風潮の中で学校教育を受けてきた生徒は、テストで高い点を取りさえすればいいのだ、といった誤った考えを抱《いだ》いて高校に来ている。

英語の授業では、②のように、真面目さや几帳面さも評価されるということを知らせたい。

また生きる力として③の集団の中での思いやり、協力、調和などのいわゆる心のＩＱである『ＥＱ』を身に着けることが必要であることも分かってほしいのだ。

指先と舌先、三寸に賭けた青春

一年前に卒業した沙友里《さゆり》と麻美《まみ》が学校へ訪ねてきた。

沙友里は新潟市の専門学校で製菓を学んでいる。ちなみに、二〇〇七年の技能五輪国際大会の洋菓子専門部門で金賞を受賞した大島千奈さんは、この専門学校のＯＧである。話題がこのことになった時、沙友里が恥ずかしそうに言った。

「実は私、学内コンペで銀賞になったんです」

「えっ、本当？　さゆりさん凄《すご》い！　凄い才能なんだね」

「いえ、まぐれです。たまたま上手《うま》くできたんです」と言って、沙友里は携帯に撮ってあるその写真を見せてくれた。

春夏秋冬を配《あしら》った四本のケーキ。繊細な指と感性と独創性。沙友里にはこんなに豊かな才能があったのだ。

麻美は上越市内の企業に就職したのだが、その会社を辞めて東京へ行くのだという。

「えっ、この不景気にせっかく勤めた会社を辞めてしまって、東京で何をするの？」

「う〜ん、東京でやりたいことがあるんだけど、言うのも恥ずかしいし、微妙に理解してもらえそうはないし。あと一年したらもっと話せるけど……。なんて言うか、その〜、お笑いの道なんです」

「なに、なに？　お笑いって、あの吉本興業とかの？」

「実は、この間ナベプロのオーディション受けて、合格したんです。で、一年間修業して認められれば、レッドカーペットとかに出演するんです。でも、これは秘密ですよ。ほかの先生や生徒にも言わないでくださいね。も〜、ゆ〜先生って口が軽いんだから」

「いや、オレは一見おしゃべりのようだけど、秘密は守るし、実際は秘密の多い男なんだよ。で、麻美さんのお笑いって、一発ギャグとか漫才とか？」

「コントです。ショートコントです。突っ込みと呆《ぼ》けなんですけど、私は突っ込みをやりたいんで、呆けをやってくれる相方を見つけないと……」

「ほう、それならオレは呆けかかっているから、相方《あいかた》になれるよ。とにかく夏休みにまた学校に来てコントをやって見せてよ。その時は、お願いだから呆けの方をオレにやらせてよね、ね！」

形の文化

新学期も三週間が経った。初めのうちは緊張していた生徒も、私に狎《な》れてくると授業開始時の挨拶さえもいい加減になってくる。

「おい、おい、挨拶はきちんとやってくれよ。社会的な動物である人間にとっては、先ず形が大切なのだ。中身がどんなに良くても、立場を弁《わきま》えて形をきちんとしないと、社会的に抹消されることがある。

今日のニュースで大きく報道されているアイドルグループのK君。素晴らしい才能を持ったタレントでも、酔っ払って公園で裸になっただけで、警察に逮捕されてしまったのだからね。六本木の高級住宅街の公園だったのがまずかったね。TPOっていうか、時間も場所もクールな住宅街だったことも、彼には仇《あだ》となったね。形式っていうか、TPOを弁えていることが大切なのだよ。かく言うオレも、若い頃は形式よりも中身だなんて嘯《うそぶ》いていたっけ。今思うと恥ずかしいよ。

その国が絶対だと信じて、それゆえに英語を勉強していた多感な少年がいた。その少年、即ちこのオレが憧《あこが》れていたアメリカ的教育には欠陥部分もあったのかもね。形を重んじる相撲と勝ちにこだわるボクシングの違いだろうね。

　中身に合った外見にしないといけないよ。形式を軽《かろ》んじていたオレは、会社勤めをしていた時はずいぶん傍迷惑《はためいわく》な人間だった。そして漸《ようや》く悟《さと》ったよ。日本人は形を重んじる民族だとね。形を重んじる文化は高度な文化なのだよ。形の文化は求道《ぐどう》の精神に通じているのだよ」

「へぇ～。ゆ～せんせって、先生でない時があったんだ？　で、どんな会社にいたんですか？」

「う～ん、このオレがエリート社員だった頃の話ねえ。半世紀も昔のことだからねえ。でも、懐《なつ》かしいなぁ。自分の無知さ加減にも気づけないで、一丁前《いっちょうまえ》ぶってたあの頃が」

「それじゃあ、先生って今のせんせじゃなかったんですか？　どんな人だったたんですか？」

「う～ん、オレの遠い昔の過去を知りたいのか。本当に聞いてくれるかい？　それでは次の時間に、乞うご期待ってことにして、授業を始めるぞ。いいかい、今日の英語は『形』から入るぞ」

3085

妙高市から日本海へ抜ける県道が、ほぼ一直線に延々と続いている。桜と木蓮《もくれん》が同時に散ると、今度は色とりどりのチューリップと水仙が沿道を賑《にぎ》わしてくれる。私はこの『花の錦《にしき》街道』を通って勤務校へと向かう。

三限目の授業で、板書《ばんしょ》していると、一樹《かずき》と隣席の圭太《けいた》が喧《やかま》しい。

「コラッ、うるさいぞ！　しゃべくるな！　黙って黒板を写せ、一樹！　圭太！」

「黒板はもう写しました。ほら、ノートを見てください」と一樹。

「バカめっ、写すだけならカメラでいい。真似《まね》るだけならサルにもできる。いいかい、人間は『考える葦《あし》』だぞ」と言って、黒板に大きく「３０８５」と書いた。

「この数字の意味が分かるか！」

「あ、イチローだ。イチローの記録です」と圭太。

「そう。昨日の満塁ホームランで張本さんに並んだイチローの日米通算安打の記録だ。丁度今頃は３０８６本目を打って新記録を達成していることだろう。君たちは、ＷＢＣワールド・ベースボール・クラシックで苦しんでいるイチローの姿を見ただろ。イチローは単なる安打製造機ではなかったのだ。考えるイチロー。苦しむイチロー。考えるがゆえに苦しむイチロー。苦しんで、考えて、そしてイチローはイチローを超えたのだ。だから、３０８５は単なる数字ではなく、もっと深い意味があるのだ。いいかい、一樹と圭太よ、おしゃべりはやめるのだ。黙《もく》して、じっと考えよ。そして今の己《おのれ》を超えて進化するのだ」

泣きっ面に真知《まち》

短縮授業とは知らずに出勤。これが不運の始まりだった。

空き時間に次の授業のプリントを作成しようと思ったら、十年以上も使っていたワープロが故障。これはカシオが最後に製造した機種で、私の思いのままに活躍してくれた優れものである。文章を作るだけなら、慣《な》れたワープロの方がよほど使い勝手がいい。仕方がないから一太郎で英文を打つ。

一太郎の責任ではないのだが、私にとっては使いにくいパソコンの一太郎。ようやく短縮時間内に打ち終えて印刷機にかけようとしたら、ドラムが故障で修理中。

故障が直るまで一服《いっぷく》と、茶飲み茶碗にコーヒーパックを入れて湯沸しポットをぎゅっと押したら、熱湯がどっと出て茶碗を越えて左手の人差し指と中指を直撃。保健室へ行って冷凍ジェルで治療してもらう羽目《はめ》になった。

校正する暇《いとま》もなく、刷り上がったプリントを配布して授業を始めた。

「先生、この単語は何て読むのですか?」と丈志《たけし》。

「どれどれ。おおっ、onthか、monthのミスプリだ」

「『弘法も筆の誤り』ですね、せんせ」と瑞恵《みずえ》。

「せんせ、この疑問文には『?』がいらないのですかあ?」と真知《まち》。

「ううっ、いるに決まっているだろ。嫌味《いやみ》な言い方しないでくれよ、真知さん」

「まさしく『画竜点睛《がりょうてんせい》を欠く』ってやつですね。ゆ～せんせ!」とますます嫌味な真知。

「負け惜しみに、学のあるところを言わせてもらえば、画竜点睛を欠くは『Missing one dot does not make a sentence.』と言う。が、とにかく中間試験前だから、君たちのためにと老爺心《ろうやしん》から、慣《な》れないパソコンを駆使《くし》してわざわざこのプリントを作ったのだ。分かり切っているミスプリを一々論《あげつら》わないでくれよな」と言うと、

「分かりました。またミスプリを見つけても黙っています。ゆ～せんせ、今日は何かあったのですか?　少し変ですよ」と真知。

「ああ、今日はいろいろあって　ついに左手に熱湯をかけてしまったよ。不運の連続ってやつだよ。Misfortunes seldom come singly.だよ」と言って、その経緯《いきさつ》を話した。

「そうだったのですか。それに不幸の度合いがだんだん進化しているみたい。これって、Mr. ゆ〜's misfortune grows more and more serious. って言えますか?」

「う〜ん、なかなかリアルすぎて嫌味に聞こえるよ。辞書にはThings goes bad to worse.という諺で載っているけど」

「あの〜、せんせいの揚げ足を取りたくないんですけど、いつからThingsのあとの動詞に三単現のsをつけることになったのですか?」とまたも真知。

「えっ? 『エス、エス』と韻を踏ませたんだけど、間違ってしまったよ。まあ、さっき瑞恵が言ったように弘法も筆の誤りってとこだな」

「弘法ってゆうより、ゆ〜せんせいのは『猿も木から落ちる』ではないですか?」

「なにぃ! ついにオレをサルにしてくれたか。嫌味な真知の一刺《ひとさ》しで、オレの自尊心が完全に消滅したぞ。火傷《やけど》した手に塩を塗ってくれるとはひどいもんだ」

「なら、今日のゆ〜せんせいは『やけどに塩』ってか、わたしのせいで『泣きっ面《つら》に蜂』だったのですね」

「そうじゃないだろ。今日のオレは完璧に『泣きっ面に真知』だよ」

……外野から、爆笑&拍手。

天国の門

わが家の近くに住んでいる二年生の琴音《ことね》が、クラスメートに自慢げに話していた。

「あのね、ゆ～先生ちってすごいんだよ。門があってね、道がだんだん上がっているの。その道のずっと高い所に大きなお家《うち》があるの。道の両側にきれいなお花がいっぱい咲いていて、いろんなお花がぜ～んぶつながってお家《うち》まで続いているから天国へ行く花園みたいだよ」

帰宅して、妻にこの話をしたら、

「あら、琴音ちゃんってそんなふうに見ていてくれたの。ご近所の皆さんは『お庭がきれいですね』って褒《ほ》めてくださるだけで、『天国の花園』だなんて誰も言ってくれなかったわ」と大感激。

マニキュアにピアス。今度は鼻ピアスをすると言って学級担任を困らせている琴音だけど、想像力と表現力、すご～い感性をもっているんだね。

午後五時の太陽がいい

六月十六日午後五時

帰宅しようと職員玄関へ向かうと、校門の方から三年生の女子が二人並んで歩いてくる。四角い紙パックから突き出た長いストローを口に含みながら、こっちへ向かって来る。

下足箱を開け、靴を履き替えて職員玄関を出ると、その二人が玄関前の石段の下に並んで、にこにこしながら立っていた。

……その日、一学期末試験直前の六限目の授業で、試験範囲までを早めに終えて質問などを受けていると、明莉《あかり》が聞いてきた。

「ゆ～先生は、どんなタイプの子が好きですか？」

「どんなって言われても……。もっと具体的にしてもらわないとね～」

「髪は長めがいい？　短いほうがいい？」

「そうだなあ。長いほうがいいかなあ」

「あっ、いちばん長い髪の子は里香《りか》だ。せんせ〜て、里香がタイプなんだ。きっと目は大きめが好みでしょ？」

「そうだなあ。大きめかなあ」

「やっぱね。活発な子とおとなしい子とどっち？」

「う〜ん。おとなしい子って、声をかけてやりたくなるんだよなあ」

「絶対に里香だ」と言いながら、明莉は里香の方を振り向いて、

「里香ちゃ〜ん、ゆ〜先生が告《こく》ったよ。やっぱ、里香が好きなんだって」

「おいおい、明莉さん。オレを誘導尋問《ゆうどうじんもん》にかけないでくれよ。オレが大切に秘《ひ》めていた心の秘密を暴《あば》いてしまうなんてさ。これはプライバシーの侵害《しんがい》だぞ」


　明莉と里香が職員玄関の石段の前にいた。二人の背後にある梅雨の晴れ間の五時に傾いた太陽が逆光《ぎゃっこう》となって、明莉と里香のシルエットが整然と私の前に立っていた。短い髪の明莉と長い髪の里香が、白い歯を見せて微笑《ほほえ》んでいた。純白な夏のブラウスから、まだ日焼けしていない白い腕を伸ばして、その先に長いストローのついた紙

パックを握って、白い歯が微笑んでいた。

石段の両側に並べられたプランターには、透百合《すかしゆり》が咲いていていた。生徒たちが植えた赤や黄色の透百合が、ちょうど満開になって咲いていていた。

午後五時の太陽は、天・地・人。いま、太陽は御館《おたて》の乱を戦った上杉景勝の春日山城と景虎が自刃《じじん》した妙高市斐太杜《ひだのもり》の鮫ケ尾《さめがお》城との中間点にある。満開の赤や黄色の透百合が午後五時の太陽に照り返って、二人のシルエットに微妙な彩《いろどり》を与えている。

梅雨の合間《あいま》の太陽と涼風。つかの間の清々《すがすが》しい時間の中で僅《わず》かに揺れている赤や黄色の透百合。そしてその淡《あわ》い反射光を受けて、明莉と里香が私に向かって微笑んでいる。

……ふと気づくと、午後五時の陽差《ひざ》しを浴びて、二つの白いシルエットは、淡い百合色に染まっていた。

ある少女の思い出

八月最後の土曜日。英語教師仲間数名で月一度行っている英米短編小説の輪読会《りんどくかい》で、J・D・サリンジャーの『ある少女の思い出』を読んだ。サリンジャーは、村上春樹の訳で再度脚光を浴びている『ライ麦畑でつかまえて』の作者だ。

「君はまだ小さな少女さ。でも少年でも少女でも、いつまでも小さなままではいられないんだよ。ぼくだってそうだったのさ。小さな少女だったものが、ある日とつぜん口紅をつけるようになる」（『サリンジャー選集(2)若者たち〈短編集Ⅰ〉』「最後の休暇の最後の日」刈田元司・渥美昭夫訳，一九六八年，荒地出版社より引用）

輪読会の帰り道、昼の弁当でも買おうと思って、通り道にあるスーパーマーケットに入ると、この春卒業した弥生《みう》が五番レジで働いていた。巻き寿司といなりのセットを持って、弥生のいる五番レジの最後尾《さいこうび》に並んだ。

「割り箸一膳《ばしいちぜん》つけてね」と言って弁当を差し出すと、弥生が驚いた顔で、

「あれっ、ゆ～先生、どうしたの？」

「ちょっと通りかかったから、弥生の顔を見ようと思ってさ。頑張ってるみたいだね」

「あのね。それがさあ、……」とレジ寄りに私を近づけて、

「この頃、忙しいってこともあるんだけど、何だか心がばらばらになりそうなんです」と言いながら、カウンターの上にサッと両方の掌《てのひら》を突き出した。すかさず私も両手を弥生の二つの掌に載せた。

「そうかあ。結構大変なんだね。元気そうに見えたけどね」

「ゆ～先生、来てくれてありがとう。少し元気が出てきました。また時々来てくださいね」

「ああ、また来るよ。元気で頑張っていてね」

……弥生の心がばらばらになる。とつぜん大人社会に羽化《うか》させられた新入社員の心が崩れてしまう原因は、やはり人間関係なのだろう。

入社して五か月経った。あと五か月辛抱《しんぼう》すれば、弥生も一人前の社員になってくれるだろう。

店の外に出ると、どこからともなく、街路樹《がいろじゅ》に一匹のセミが飛んできて、懸命《けんめい》に鳴き始めた。近づく秋を振り払うかのように、過ぎゆく夏を引き戻そうとするかのように、「ミーン、ミーン」と鳴いていた。

ピグマリオン効果

綾香《あやか》がいる。笑顔を覚えた綾香がいる。質問に答えた綾香がいる。

……二年前の綾香は全く別人だった。声をかけても私を無視するか、ただ睨《にら》みつけるだけだった。成績も最下位で、自分の殻《から》に閉じこもっているというか、自分は醜いアヒルの子だと決めつけてしまっているように見えた。机の前にじっと座ったままで、授業を妨害しないのだけが救いだった。

ある時、私は気づいた。彼女がちょっと顔をしかめた時に、ぷりぷりしたその頬《ほほ》に片笑窪《かたえくぼ》が浮かぶのだ。

「あれれ、綾香さんてかわいいんだね」と言うと、綾香は上目《うわめ》で私を睨んだが、私はめげずに付け加えた。

「綾香の片笑窪、とってもかわいいよ」

すると、隣の奈美《なみ》が相槌《あいづち》を打ってくれた。

「そうなんだ。綾香って、笑うと笑窪ができるんだよね」

……綾香がいる。よく笑う綾香がいる。笑窪がこぼれる綾香がいる。

そして平成に入って一番厳しいと言われている就職試験が明日から解禁になる。

笑っていいとも!

今年の一年生のクラスは本当に真面目《まじめ》だ、全員が頷きながら授業を受けてくれる。

教務室で、

「このクラスで教えていると、長生きしますよ」などと言って授業に出た。

On her way home, she went to the supermarket to buy some bread.

教科書の訳は、「家に帰る途中で、彼女はパンを買おうとスーパーマーケットに寄った。」となっていた。

「教科書はwentを『寄った』と訳しているが、寄ったなんて凝《こ》った訳にしないで、素直《すなお》に『行《い》った』と言《い》ってもよかったのに。オレは昨日、on my way homeで居酒屋に寄ったら酔《よ》ってしまったよ」と冗談めかして言っても、生徒はくそ真面目に聞いている。

この笑ってもらえないギャグをきっかけに、意地《いじ》になって残り時間の十五分を、一分に一回の割合でギャグを飛ばしまくったが、一人として笑わない。

「今日のオレは少しおかしいのかな。きっと、十数年に一度という巨大タイフーン18号をオレの動物的本能が察知して、頭の回転左巻き。台風渦巻き左巻き。タイフーン接近してくる、こりゃタイヘーン。オレの脳味噌ハリケーン」

これでも生徒はキョトンとしているから、

「オイ君たち、オレが無い知恵絞《しぼ》ってギャグらしいことを言っているんだから、お愛《あい》想《そ》にでも笑ってくれよ」

すると、千佳《ちか》が言った。

「先生、本当に笑ってもいいんですか？」

初冠雪の朝

妙高山、火打山、焼山の頸城三山《くびきさんざん》に初冠雪。急に冷え込んできたので、カーディガンを着て出勤した。車から降りると、登校してきた女子生徒のグループと鉢合《はちあ》わせした。

「おはようございま～す」と言いながら、千尋《ちひろ》が近寄って来た。

「あたしたちのカーディガンは今年から禁止になったのに、先生ずるいよ！」

「いや、まあ、生徒と先生は別ものだからね」

「ゆ～先生のカーディガン格好《かっこ》いいから許してあげる。でも、ボタンはちゃんと掛けておきなよ」と言って、メタボの腹が苦しいのでわざと外《はず》しておいたボタンを全部掛け直してくれた。

「ありがとう。千尋って意外に優しいんだね！」と言った途端《とたん》に、お腹《なか》に力が入ったのか、そのあたりのボタンが二つ外れてしまった。

「あら、はずれちゃった。おなかのワイシャツ見えるけど、気にしなくていいからね！」と千尋。

「ああ、そうだね。今日はこうして千尋がコーディネートしてくれた『ちひろファッション』で過ごすよ」

睦希《むつき》十九でどこへ行く

この春卒業した睦希《むつき》。卒業後は自宅近くのコンビニで働いていたが、ひと月ほど前に家を出て、友人の美里《みさと》と共同でアパート暮らしを始めたと言うので、学校の帰りに訪ねてみた。

午後五時を少し回った時刻だった。新築の2DKのアパートで、今から仕事に出るのだと言って、睦希は着替えの真最中《まっさいちゅう》だった。睦希の部屋には入《はい》れないから、美里の部屋で待つことにした。いつもはもっと遅い出勤なのだが、今日は六時前に迎えの車が来るのだと言う。

着替えは終えてお化粧をしているらしい。そこで、

「今日は睦希の元気な様子を見に来ただけだから、もう帰るよ。だから、ちょっとドアを開けて元気な顔を見せてよ」と声をかけると、

「少しだけならいいよ」と言ったので、ドアを半分開けて首だけ入れると、そこに睦希が立っていた。

すっかり染めた薄茶の髪に、濃いめの化粧。……えっ！　これが睦希？

「久しぶりです。先生も元気だった？」と言って睦希が微笑《ほほえ》んだ。

確かに睦希だった。見慣れた睦希の笑顔だった。裾《すそ》に薄いフリルが幾重《いくえ》にも付いている透《す》けそうな赤い衣装《いしょう》。スリムな衣装のお姫様のようにも見えたが、もしかして、……酒場勤め？　心なしか、スリムな睦希が痛々《いたいた》しかった。

……私が教えていた頃の睦希は、よく過呼吸《かこきゅう》になった。不安が恐怖《きょうふ》に変わり、恐怖が過呼吸の引き金《がね》になった。そう、当時の睦希は、過呼吸によってわが身を守っていたのだ。そんな繊細《せんさい》な睦希に酒場勤めができるのだろうか。

美しく点滅する光と甘い言葉が飛び交《か》っていても、そこは過呼吸などの通用しない非情《ひじょう》な場所でもあるのだ。そこは、欲望と虚言《きょげん》、仮想《かそう》と現実が複雑に絡《から》み合っている夜の世界。十九になったばかりの睦希が、そんな入り組んだ世界で、上手《うま》く立ち回ってゆけるのだろうか。

目の前の薄明りの中にじっと立っている睦希に向かって、私は「ずいぶん大人になったんだね」としか言えなかった。

……アパートを出ると、まだ五時半だというのに、日はとっくに落ちていた。月だけが明るかった。しかしその月は、まだ満月になり切《き》っていない不満月《みちずのつき》。そう、月は不満の十三夜だった。

ドカ雪ニモメゲズ

長期予報では暖冬・小雪のはずだったが、一夜にして70センチものドカ雪に見舞われてしまった新潟県の上越地方。その朝は除雪車が積み上げていった雪で、車道と歩道の間に2メートル近い壁ができていた。

狭くなった雪の壁の隙間《すきま》を生徒たちが学校へ向かっていた。みんな傘をさして歩いている。私の車からは、雪の壁の上に突き出た傘だけが見えている。色とりどりの傘が一列になって、雪を載せてやや急ぎ足で登校してくる。ここは日本一の豪雪地帯なのだ。

放課後、私は車の屋根に積もった30センチもの雪を落としていた。左手で傘をさして、右手に持った棒ブラシで雪を払っていると、

「せんせ～、もう帰っちゃうの？　あたいらが手伝ってあげるよ」と言いながら、叶愛《かない》と瑠花《るか》が近寄って来た。

「もう何十年も付き合っている雪だから、一人で大丈夫だよ。ほら、ほら、その高価《たか》そうなブーツが雪に埋まっちゃっているぞ」と言うと、

「大丈夫。このブーツ雪に強いんだから。せんせ〜の傘、あたしが持ってあげるね」と言って、叶愛が私の左手から傘を奪った。

瑠花は膝までもある新雪を漕《こ》いで、車の前面に回り込み、

「もうすぐ、ゆ〜先生ともお別れですね。だから、とってもお願い。期末テストは易しい問題にしてくださいね」と言って、フロントガラスに凍り付いているワイパーを、真っ白な兎のようにふかふかのミットで撫《な》でてくれている。

「ああ、そうだね。二人で英語の授業を盛り上げてくれたからね。最後のテストは感謝の気持ちを込めて、易しい問題にするよ。それに、瑠花さんと叶愛さんには、評定『5』になってほしいからね」

「うえ〜い。やっぱ、ゆ〜先生って優しいんだ」

透明な瑠花の傘と水玉模様の叶愛の傘が、私の黒茶色の傘に微笑んだ。

「あたいら、ぜったい頑張るから、先生も絶対に約束を守ってくださいね」

……三年生は、高校生活最後の定期試験まであと十二日である。

胡桃《くるみ》という名の少女

花の錦《にしき》街道を抜けて青野十字路《あおのじゅうじろ》を東に右折すると、上越市から十日町を経て南魚沼市に通じている国道253号線に入る。立春直後にやって来た今年二度目のドカ雪で、豪雪県としての名声を改《あらた》めて日本中に知らしめてしまった新潟県の中でも、特に雪深い地帯を結んでいるのが、この国道253号線である。ここを通って私は約60キロの道程《みちのり》を勤務校へと通っている。

その学校に、胡桃《くるみ》という名の生徒がいた。勉強嫌いだが活発な生徒だった。そして茶髪にピアスにマニキュアの三拍子を揃《そろ》えていた。しかし、なぜか憎めない生徒だった。胡桃にはカレシがいた。胡桃のカレシは有職の若者らしいという噂《うわさ》だった。

三年生の二学期になると、胡桃は遅刻が目立つようになった。どうも親しかったクラスメートが彼女の陰口をしている、という妄想に憑《と》りつかれているらしい。多分カレシとのトラブルが原因で、親しかった友人さえも信じられなくなったのだろう。

　十一月の半ばを過ぎたある日、三限目の授業に合わせて遅く出勤すると、廊下の片隅に胡桃が佇《たたず》んでいた。

「おはよう、胡桃さんの顔を見るのは久しぶりだなあ。遅刻なの？」

「あっ、先生、おはようございます。わたし、なかなか起きれないんです」

「そうなのかあ。エネルギーを消耗しすぎて、パワーレスになってしまったのかな？昔の元気な胡桃に戻ってほしいけどなあ」

「元気なくないんですけど、もう学校へ来たくないです。今日もこのまま帰ります。先生は何時に帰るんですか。途中まで車に乗っけてください」

「三限と四限に授業があるから、四限が終わったら帰るよ。今の胡桃を見ていると心配だから、家まで送り届けたい気持ちだけどね。まさか早退の幇助《ほうじょ》をするわけにもいかないしね」と胡桃の手を握って、

「とにかくあと正味二か月で卒業できるのだから、時数不足にならないようにしてね」

　すると胡桃が言った。

「あっ、先生の手、とっても温《あった》かい。くるみ、頑張ってみます」

三日間も降り続いた立春の大雪がようやく落ち着いて、日が照り始めると気温が急速に上がり、めっきり春めいてきた。花の錦街道を東に右折すると、国道253号線に入る。そこをしばらく進んだ所に胡桃の家がある。

大雪のあとの眩《まぶ》しい陽差《ひざ》しが春の気配を感じさせてくれる。南向きの山の裾《すそ》の土手《どて》は斜面の雪が割れて、その裂け目から春が見えている。胡桃の家はそんな山裾の斜面に沿った集落にある。

……もうすぐ三月になる。そして、山裾《やますそ》の斜面の雪がすっかり落ちて、土手にネコヤナギが芽吹《めぶ》くと卒業式がやってくる。しかし、卒業生名簿に、胡桃の名は載らない。

私はこれからも毎日、花の錦街道を東に右折して、南向きの山裾の集落を左手に見ながら、そのずっと向こうの丘の上の学校へ通うだろう。きっと、時々、ここに住んでいた胡桃という名の少女のことや、「先生の手、とっても温かい」と言ったその少女が今頃はどうしているだろう、などと思いながら……。

煽《おだ》てられれば木に登る

納税の申告を済ませて、午後から学校に行くと、二年生の絵里香《えりか》に出会った。

「ゆ～先生は午前中どこへ行ってたの？」

「ちょっと野暮用《やぼよう》があってね。大人ってさ、いろいろ突発的《とっぱつてき》な所用ができるんだよ」

「だって、ゆ～くんは大人じゃないでしょう。もう暇なおじいちゃんだよね」

「まあね。年齢《とし》相応にいろいろあるよ。絵里香が『クン』づけで呼んでくれるからさ、この頃は昔返《むかしがえ》りしているしね」

「昔返り？　ウケるう。てか、みんなが『ゆ～くん』って言ってるから、あたしだけじゃないよ」

「そうかあ。おかげで一句閃《ひらめ》いたよ。

『クンづけで　呼ばれるたびに　歳《とし》が減り』

『クンづけで　呼ばれてオレは　木に登る』ってね」

「なかなかですね。友蔵みたい。ゆ～くん、木から落ちないでくださいね」

にはは～、頼りにしてて！

明日から学年末試験が始まる。二年生の美羽《みわ》が私に尋ねた。

「ゆ～くん、明日は『同和教育』ってあるの？」

「よくは知らないけど、テストの初日にやるかなあ？」

実は、教員のための同和研修会だったのだが、非常勤講師の私は知らなかったのだ。

「なんで教師のゆ～くんが知らないの？　ま、いいや。ありがとうございました」

「頼りにならない教師もいるのさ。ゴメンよ！」

「ウケる～。ゆ～くんは面白いから、頼りにならなくてもいいんだよ」

「美羽を頼りにしてまっせ！」

「にはは～、頼りにしててね！。そいじゃあ、帰って勉強します」

第四部

黒松が見守ってきたこと

（二〇一〇年四月〜二〇一二年三月）

君の名は

四月も下旬に入ったのに雪が降ったりして、今年は寒暖差の激しい日が続いている。しかし今日は久しぶりの晴天。校庭では、桜は半分ほど散ってしまったが、代わってチューリップが満開になった。

この三月に卒業していった生徒たちが昨秋に植えつけてくれたチューリップが、満開に咲いている。その花壇の前の芝生の上で、在校生が三々五々と車座になって弁当を食べたりしている。

チューリップの花壇の向こうで、女子生徒三人が木製のベンチに腰を下ろして、親しげに手を振っていた。私が近づくと、真ん中のA子が、

「先生、私の名前を覚えてくれた?」と訊《き》いてきた。

新たに受け持った三年生だ。まだ三時間ほどしか教えていないので、全員の名前は覚えられない。

「あなたは、ええと、田中さん」

「じゃあ、わたしは？」と左隣のB子。

「う〜ん。古海さん」

「当たり！　で、下の名前は分かる？」

「悠香《ゆうか》だったかな？」

「違うよ、先生。田中さんと混同してる！」

「そうだったか」と言いながら、私は横目で右手に座っているC子を見た。C子の名前が思い出せない。顔は分かるが、名前が分からない。次はきっとC子が訊いてくるに違いない。不安に駆《か》られながら、もう一度C子に目を向けた。しかし、彼女は大きな目を私に向けて、ただにこにこと微笑んでいるだけだった。

ああ助かった。でもC子には悪かったな、と思いながら教務室へ直行して、写真名簿を確認した。『川野保奈美《ほなみ》』これがC子の名前だった。

良い意味でも悪い意味でも、活発な生徒の名前はすぐに覚えるが、控えめな生徒の名前は中々覚えられない。でも、これでしっかり覚えたよ。保奈美さん！

忘れ者

二年生の選択英語。授業中に見慣れない生徒が二人入ってきた。

「おいおい、その二人、君たちはいったい何者なんだ？　名前と用件ぐらい言ってから入れよ」と注意すると、

「すいません。ここ、僕たちの教室で、忘れものなんです」

「何？　君たちは『忘れ者』なのか。教室を間違えた『はぐれ者』じゃないのかい？」

二人が出て行ったあとで、

「あ～あ、突然『やっかい者』が闖入《ちんにゅう》してきたんで、集中が途切《とぎ》れてしまった。……ところで、あの二人は中々ユーモアのセンスがある連中だ。君たちもあの二人のギャグに気づいたろ？」と言ったが、誰一人として笑いもしないし頷いてもくれない。この静寂のなんとも言えない間《ま》の悪さ。この不吉な間を埋めようと、慌てて言葉を発《はっ》するから、つい声が上擦《うわず》ってしまう。

「いいかい、何者かと聞かれて『忘れ者』と答えるとは、あの二人は大した『優れ者』だよ。……なんてさ、このオレもギャグを連発しているのだから、お愛想《あいそ》でいいから、共感してくれよ。頷いてくれよ。笑ってくれよ、な」

するとし、ようやく貴裕《たかひろ》が声を発した。何を言うかと期待していると、

「でも、先生、僕たちはまだ先生が『なに者』なのか知らないのです」

「えっ？　本当に？　だって、最初の授業で自己紹介しただろ？」と言ってから、ちょっと考えてみた。

「あっそうか。レントゲン検査で男女が別々だったから、男子には自己紹介を忘れてしまったのだ。My name is ゆ～」

「あのう、下の名前もお願いします」

「あのう、貴裕くん、『したの名前』っていう言い方は今時流行《はや》っているようだけど、失礼っぽいから、First nameとかFull nameと言うべきだよ」と言って、黒板に書いた。『My name is ゆ～ Arai.』

ああ美しき汝《な》がノート

中間試験前に、生徒のノートを点検した。たいていの生徒は実に美しいノートを取っている。文字がとても美しい。重点項目に引いてあるマーカーがとても美しい。私が黒板に殴り書きした文字や記号や線までが整然となって美しく書き込まれている。生徒のノートを見ていると、私がとっても素晴らしい授業をしているような錯覚に陥る。たかがノート、されどノートなのである。

美しいノートは芸術である。平凡な私の授業を素敵に演出してくれる芸術である。美しいノートは愛である。授業に込めた教師の愛を、生徒が確実に受け止めた証《あかし》なのである。そして私は結論づける。『美しいノートを創れる者は、人生をも美しく創造していく才能を持っているのだ』と。

He who can write beautifully in his notebook is sure to create his life beautifully.

ベル・ジャー

There is little jam left in the jar.（そのジャーにはジャムが殆ど残っていなかった。）

「これは、『There is ～＋過去分詞』の典型的な例文である」などと言いながら説明していると、なぜか三十年以上も前に読んだSylvia Plath（シルヴィア・プラス）の小説、“The Bell Jar”が脳裏に浮かんできた。「さて、文構造の説明はこれくらいにして、君たちはこのjarからどんな容器を連想したかな?」

生徒の答えは、「かめ、つぼ、びん、たる、ポット、炊飯ジャー」等々だった。

「う～ん、ジャムが入っているのだから広口のガラスビンだな。この透明なビンの中に入っていると、外の様子が良く見えるんだよ。ビンは広角レンズのようになっているから、普段は見過ごしているようなことも本当に良く見えるんだよ。ビンの中でじーっと精神を集中していると純粋に思考が高まり、いろいろな発見ができるのだ。君たちは学校という透明な容器の中から純粋な目でじっと世の中を見ていたはずだ。

そして、矛盾する大人の社会に苛立《いらだ》ちを感じてきたと思う。君たち若者にとってはこの純粋なエネルギーの蓄積こそが大切なのだ。

その君たちにも、この容器を破って世間に出ていく時が間もなくやって来る。学校という透明な容器の中で、じっと見、考え、集中してきた者だけが、その蓄積したエネルギーで蓋《ふた》を突き破って外に出てゆけるのだ。卒啄同時《そったくどうじ》というか、その『時』がやって来たときにこの容器から飛翔《ひしょう》しないと、『山椒魚』のように一生自分の穴の中だけに閉じ篭《こも》ってしまうことになる。また、学校という温室の中で自分を甘やかしてきた者は、実体のない煙のようなものになって、容器の隙間《すきま》から流れ出て行くしかないだろう」と久しぶりに深～い説教を聞かせたところ、生徒曰く、

「煙は自由に動き勝手に形を変えられるから、そういう柔軟な生き方をした方が良いと思います」

「なるほど一理あるかも。しかし、骨《こつ》のある堂々とした人間になるか、軟体動物のように社会の狭間《はざま》に潜《もぐ》って、ぬるぬる温温《ぬくぬく》と生きてゆくのかは、価値観の分れるところだけれど、少なくとも君たち若者は前者を目指してくれよ。学校教育はそのためにあるのだからね。

しかし、今のオレは、君たちが入っている透明なベル・ジャーの周辺を淡い空気のように漂泊《ひょうはく》しているだけだけどね。齢《よわい》を重ねた今のオレは、透明な『さすらい人』なのだよ」

受信・送信・迷信

明けそうで明けない梅雨。今年も集中豪雨による被害が、九州から西日本にかけて頻発《ひんぱつ》している。

わが家の近くに、椚《くぬぎ》に囲まれた鎮守《ちんじゅ》の杜《もり》がある。この鎮守の杜の社《やしろ》の傍に一本の欅《けやき》の巨木が聳《そび》えている。この欅に悪戯《わるさ》をすると罰《ばち》が当たって祟《たた》られる、と言われていた。だが、小学校高学年になると、われわれ悪ガキどもは、その欅の幹に落書きしたり、椚の枝を削って作った木刀で叩いたり、近くの河原で拾ってきた手ごろな石を投げつけたりして遊んでいた。

欅は今でも空高く聳《そび》えているが、椚の林はすっかり切り払われて宅地になってしまった。当時の悪ガキたちは皆まだ元気でいるが、鎮守の杜の下手《しもて》を妙高市から上越市の海へと流れている関川《せきがわ》は、この時期になると時々氾濫《はんらん》するようになった。

……こんなことを思いながら、梅雨明けが待ち遠しい三年生の教室へ行き、テキストの例文を黒板に書いた。

There is still an old superstition around here.（この辺には、まだ古い迷信がある。）

「superstition（スパスティシャン）は『迷信』という意味だ」と言ったとたんに、亜美《あみ》が手を上げた。

「先生、『迷信』って何ですか？ ゆ～先生の携帯って、そんなに古いんですか」

「えっ？ オレの携帯は三年前の機種だけど、古いと言えば古いのかな」

「だって、うちらの携帯は『迷信』ってないですよ」と亜美。

「そう？ オレの携帯には『迷信』が出ることもあるよ。『迷信』ってのは四次元の世界をさ迷《まよ》っているやつで、オレの人生のように永遠に往《ゆ》きつく場所がない。そして絶対に戻れない。いつか、この肉体が魂となったときに漸《ようや》く着信できるのだろうか。

嗚呼《ああ》、この齢《とし》にして吾《われ》なお『迷心』するだよ」などと言っていると、

「先生、『迷信』が付いている携帯なんか持っていると天国へ行けなくなるから、買い換えた方がいいですよ」と亜美が真顔《まがお》で言った。

「う〜ん、どうしようかな。天国へ行けるといいのだが、逆に地獄へ行ってしまうリスクもあるから、もうしばらくの間この携帯で『迷界』を彷徨《さまよ》ってみるよ」

砂山

放課後になると就職希望者が図書館に来て、エントリーシートの記入に追われている。間もなく採用試験が始まるのだ。バスガイドを志望している聖子《せいこ》がやって来て、面接試験で歌う童謡の『砂山』を練習したいから、先生も一緒に歌ってくれと言う。

海は荒海、向こうは佐渡よ、で始まる『砂山』は新潟市の寄居《よりい》浜にある。そして、私の青春もそこにあった。砂山の長い裾野《すその》は茱萸《ぐみ》林だった。日本海に向かって歩いて

も、歩いても、茱萸の林だった。五十年前の茱萸林の中は、不安な青春の迷路だった。

……バスガイド志望の聖子が半べそをかいて、エントリーシートとにらめっこしていた。『志望理由』の欄に書くことが何もないと言うので、

「なんでガイドさんになりたいの？」と聞くと、

「なんとなく」

「ふ～ん。でも何かきっかけになることがあったはずだよ。修学旅行の時はバスに乗ったの？」

「あっ、その時のガイドさん、とっても親切だったよ」

「それが動機の一つだね。あとは、体を動かすのが好きとか、声が大きいとか、学校行事などで仕切るのが得意だとか……」

「部活もやっていないし、だいたい友達には『影が薄い』って言われているし、あたしは取り柄《え》がないんです」

「そんなことはないよ。クラスメートと仲良くしてるってことは、聖子が親切で友達思いだからだろうね。きっと、世話好きだったりしてさ。あと、得意な教科とか興味を持っていることはないの？」

「中学時代に郷土の伝統行事のことを調べたりしたから、地理や歴史が好きなんです」

「なるほど、地方の行事や風俗、習慣、文化っていうと『民俗学』に興味があるってことだね。あとは、会社説明会に行ったとき印象に残ったことはなかった？」

「社長さんが、バスガイドはお客様に『ありがとう』って感謝されながら、その上お金も稼げるのだから、いま時こんなに素敵な職業はないっておっしゃっていました」

「それは名言だね。『社長さんのお話を聞いたとき、私は本気でバスガイドになりたいと決意しました』みたいなことを書くといいよ。これでエントリーシートが埋まるんじゃないかな」

　そして、約四十分後に聖子が書き上げてきたエントリーシートの結びは、「私は一日も早く一人前のバスガイドになって、訪れる各地の名勝や歴史や文化を知る喜びをお客様と一緒に分かち合いたいと思います」だった。

……『砂山』は新潟駅から萬代橋《ばんだいばし》を渡って柾谷小路《まさやこうじ》を抜け、日本銀行新潟支店の前を直進すると突き当たるどっぺり坂の石段を登り詰めた所にある。当時、砂山の緩《かん》斜面《しやめん》は茱萸《ぐみ》林になっていて、延々と海まで続いていた。歩けども、歩けども茱萸の藪《やぶ》だった。舞砂《まいすな》の中で絶えず揺れている茱萸の藪だった。

そして遠いあの日、茱萸林は夕陽の中にあった。六花寮のホールから浜風に乗って微かな音楽が聞こえた。曲はタンゴだった。

遠いあの日に踊らなかったLA CUMPARSITA《ラクンパルシータ》、歌わなかったDUET《デユエツト》。

聖子と『砂山』を歌った。

暮れりゃ　砂山、　潮鳴り　ばかり
すずめ　ちりぢり　また　風荒れる
みんな　ちりぢり　もう誰も見えぬ

頭脳を育てる三要素『き・し・そ』

県立看護大学を推薦入試で受験する生徒に特別指導をしている。試験は小論文が200点、面接が100点である。小論文の内訳は、国語70点、資料の読み取り70点、英語（読解力）60点となっている。国語は学校間格差の少ない教科である。資料の読み取りは受験対策さえすれば高得点が望める。本校の生徒にとっては、英語が一番のネックになっている。

夏休みに入って、一日数時間の小論文対策特訓を一週間続けたが、そろそろ脱落者が出そうな気配なので、今日は『頭脳の組織（そ↑し↑き）を育てる三要素』なる話をした。

脳組織を育てる学習の三要素は『きしそ』である。

き　**記憶力**　記憶力は反復練習で身につき、記憶したものはやがて『知識』となる。
し　**思考力**　思考力は集中することで身に付き、やがて『智慧』になる。

そ　想像力　想像力は感性によって育まれて、やがて『創造力』に成長する。で、他校生に比べて、君たちが優れているのは感性で、劣っているのは記憶の量である。だから、今回の補習は、『き』の記憶力と『し』の思考力の強化を目指している。

記憶のための反復練習は退屈でfrustrating《いらいらが溜まる》なものだが、強い意志で頑張るしかない。

『き』で英語の語彙力《ごいりょく》さえ身に付けてくれたなら、君たちは『し』では他校生に引けを取らないのだから、『そ』で他校生を引き離して見事に合格することになるのだ。語彙力増強には反復練習が欠かせない。反復練習は自分との戦いなのだ。そして、この学習会の目的は、語彙力を『知識』に、知識を『智慧』にまで育てることにあるのだ。

……センター試験は『き』に偏重《へんちょう》している。一般入試は『し』をも試そうとしている。が、新潟県立看護大学の推薦入試問題が優れているのは、『し』と『そ』即ち智慧と感性を備え持った学生を採用したいという明確なメッセージを持って作成されていることにある。そして、オレが思うに、君たちはこの大学が求めている学生像にぴったりの人材なのだ。

また、人類の歴史を考えると、知識と智慧によって文明が形成され、智慧と想像力によって文化が形成されてきたのだが、産業革命以後は『文明』だけが独り歩きし、地球環境を破壊してきた。地球環境を守り、人間社会を豊かにしてくれるのは『文化』なのだ。

……で、別の見方をすれば、県立看護大学が推薦入試で県内の学生を採るのは、彼らが将来、新潟県の地域医療だけでなく地域文化の形成に貢献する人材になってほしいと考えているからなのだ。

ときめきめっせ

朝一番。出勤してきた佳織《かおり》先生に「おはようございます！」と声をかけた。すると、佳織先生のすぐ後ろに続いて登校してきた祐美《ゆみ》が、すれ違いざまに、

「あっ、ゆ～先生だ。おはようございます。先生、今朝は『ときめき』ですね」とキーの高い声で言うものだから、一瞬どぎまぎしたが、

「おや、祐美さん、おはよう。今朝は、ときめきメッセ、朱鷺《とき》メッセだよ」と受け流した。

県立看護大学を受験する祐美《ゆみ》と瞳《ひとみ》に英語を含めて小論文指導をしている。受験のためだけでなく、彼女たちの将来のためにもと思って『生命・環境・共生』をメインコンセプトにした思考力の養成を目指してはいるのだが……。

瞳は落ち着いた几帳面な性格で、課題などはきちんと消化してくれる。課題についてSOFT DISCUSSION《軽い対話》をしながら徐々に思考力を高めていきたいのだが、生真面目な瞳は、対話がスムーズに運ばない。

祐美は私の冗談にも適当に乗ってきて、しかも「わたしんちには、座敷童《ざしきわらし》が住んでいるの。本当だよ」などと奇想天外《きそうてんがい》なことを真顔《まがお》で言ったりするので、とても面白く会話が弾《はず》むのである。

クラスメートも先生たちも「注射をしてもらうなら、瞳さんだ。祐美さんにかかっ

たら、どこに針を刺されるか心配だよ」と祐美をからかっている。

昨日、祐美たちに小論文指導をした時、佳織先生のことが話題になった。佳織先生は若い英語の先生である。

「佳織先生って、三くらいのことを言うと十まで理解してくれて、オレが考えていた以上の指導案を作ってくれるんだよ。それに美人だしね。オレも高校生のときに、彼女のような先生に教わりたかったよ」と言うと、祐美が、

「えへ〜。もしかして、ゆ〜先生は佳織先生にときめいているんですか？」

「う〜ん。ときめきってこともないけど、やっぱり、ときめきなのかな」

……これが朝一番の祐美の発話につながったのだ。

ところで、余談だが、私が彼女たちに覚えさせている教訓が二つある。

A nurse is a life-cherishing reed.（ナースは生命《いのち》を育《はぐく》む葦《あし》である。）

Life is nursed in ecology and enriched by "echoing."（生命は環境によって育くまれ、『共生』によって豊かになる。）

……『ときめき橋』という橋がある。新潟中央インターに向かう高速道路が、信濃川に架《か》かっているこの橋を渡っている。この橋は羽ばたく朱鷺《とき》の翼《つばさ》をイメージしているトキ色の橋である。この橋のデザインに関《かか》わった、金沢美術工芸大学名誉教授の山岸政雄先生によると、トキ色の塗料はこの橋のために初めて開発されたのだそうである。

……思い出すなあ。大学出たてに勤めた会社で、山岸政雄先生と一緒に仕事をしていたあの当時のことを。当時、山岸さんは、新進のグラフィック・デザイナーで、私はその下で下手なキャッチコピーを作っていた。

英米文学という人間の内的文化（inner culture）しか学んでいない世間知らずの私に、山岸さんは、東京オリンピックを契機として急速に発展していく日本経済を象徴するかのような、産業デザインという視覚文化（visual culture）の重要性を教えてくれたのである。

……そして、そこで赤い水玉模様がよく似合う女性と出逢った。懐《なつ》かしいなあ、あの頃が。戻りたいなあ、あの頃に……。

小春日和の朝

秋晴の朝は、何もかもが明るく見える。自転車通学の生徒だって、今朝はペダルが軽そうだ。風を切って走っている女子生徒の長い髪がとっても爽《さわ》やかに見える。

歩道を二人並んで走って行く。並走《へいそう》したって、いいじゃない。今日くらい。こんな素敵な日は二度とないかもしれないのだから。

校門には、生活指導の先生が立ち番している。にこにこ笑って立っている。超ミニスカート、いいじゃないか今日くらい。そんな顔して立っている。こんな素敵な日はもう来ないかもしれないのだから。

校門の銀杏《いちょう》の木だって、あんなに黄色くなっている。秋晴の晩秋は、何もかもが美しい。

いちご娘と越後姫

いよいよ明日、新潟県立看護大学の推薦入試が行われる。そして、ここまで指導してきた三人の生徒の運命が決まる。約二倍の倍率だが、ぜひ全員が合格してほしい。学校の近くにある長尾先生のお寺の本堂で受験勉強会を旗揚げしたのが三月だった。長尾先生は四月に転勤されてしまったが、あれから八か月余り、三人ともよく頑張ってくれたと思う。

そして今日が最後のミーティングになる。

「やるだけのことは、全部やった。ついに賽《さい》は投げられたのだ。自信を持って勇敢に挑《いど》んで来い。試験が終わったら、合格発表の前にお世話になった長尾先生のお宅に三人揃《そろ》って顔を出しておくようにね」

「えっ？　ナガオ先生のことですか？　ゆ〜先生が、ナガオ先生って『ナ』に力を入れて変なアクセントで言うから、長尾先生じゃないみたいに聞こえます。は〜い。三人して長尾先生にお礼に行ってきます」

「なにっ？　オレのアクセントが間違っているって？　どうして？　この地方では三文字の言葉は最初の文字にアクセントを置くのが普通だったんだぞ。卵はタマゴ、高田はタカダ、信濃はシナノ、越後はイチゴ、苺はエチゴだった。近頃、アクセントが平板になってしまったが、子供の頃の言葉は直らないんだよなあ。『三つ子の言葉百まで』さ」

「あれっ、ゆ〜先生、また変な言葉を言ってますよ。越後はエチゴ、苺はイチゴですよ」

「うん。分かっているけど、昔取った杵柄《きねづか》というか、ついついそうなってしまうのだよ。昔から、ここ越後では、『イ』と『エ』が逆に発音されていたのさ。オレは今でも蠅を『ハイ』、灰を『ハエ』と言ってしまうことがあるんだ。さすがに英語を『イエゴ』とは言わないけどね」

「あっ、そ〜か。亡くなったおばあちゃんが、わたしを『えー子、えー子』って言って可愛がってくれました。本当の名前は樹《いつき》なのに、『栄子』って呼ばれるのが不思議だったんです。やっと分かりました。わたしはとっても『いい子』だったってことですね」

「そうさ。きみたち越後のお嬢さんは越後娘で、新潟県特産の苺のブランドは『越後姫』だけど、訛《なま》ると『イチゴ娘』や『イチゴ姫』になるから、聞いた人はあんたちを苺娘か苺姫だと思ってしまうね。苺姫なんて素敵だね。評判になるよ。『越後の苺は味がええ。もらって嬉しい越後姫。嫁にするなら越後娘《えちごっこ》』なんてね。冗談はさておき、明日の試験は英語が勝負の分かれ目だからさ。あんたたちは『英語姫』と化《か》して頑張るのだ。そして自信を持って渡るのだ、ルビコン川を！」

偏差値最下位校から公立大へ

なんとなくパソコンを操作していたら出てきた『新潟県高校偏差値ランキング』。なに？　何！　私の学校が最下位だって？　たとえ事実であっても、これは差別だ。苛《いじ》めだ。ああ、中学生はこれを見て進路を決めていたのだ。わが校に入学する生徒の気持ちに思いを馳《は》せてほしい。このような苛めの構造が社会に蔓延《まんえん》しているのを容認しておいて、苛めが発生すると学校だけを責《せ》めている。そんな己《おのれ》に気づいていないマスコミに洗脳された、知ったかぶりの大人たち。

学校は生き物だ。世間の評判で、良くも悪くもなる生き物だ。だから、わが校から一人でも国・公立大学に合格すれば、世間の見方は変わるだろう。そうすれば、生徒たちも自信と誇りを持って勉学に励むことができるだろう。

……新潟県立看護大学の推薦入試結果が発表された。樹《いつき》、瞳《ひとみ》、祐美《ゆみ》の三人が見事に揃って合格した。二倍に近い倍率で、合格者はたった三十名。驚くなかれ、わが教え子がその一割を占《し》めたのだ。

笑えない笑い話になるが、瞳に
「合格おめでとう。よく頑張ったね。お父さんやお母さんも、きっと喜んでくれたろうね」と聞いたところ、

「いいえ、家の人は誰も信じてくれませんでした」

素直、忍耐、理解、努力

二学期の終業式の朝、職員室に入ったら、同僚の先生に「ゆ～先生の教育観に感動しました。素晴らしい記事を読ませて頂きました」と挨拶された。今朝配布された学校新聞に私のインタビュー記事が載っていたのだ。

インタビューに来た新聞部の生徒に何を話したかは、すっかり忘れていたのだが、自分でも信じられないほど立派な内容になっていた。聞き上手な生徒の口車に乗せられて多くのことを語った気はするのだが、断片的な私の話をこれほど感動的な記事にしてしまうなんて、わが校の新聞部員は本当に素晴らしい生徒である。

本校の英語教育を支えるゆ～先生からの熱いメッセージ

「英語教育とは、日本でのあらゆる学習の基本である」とおっしゃるゆ～先生。

まず聞いて、理解しようとすること。根気よく繰り返し、自分のものにすること。この一つの流れが、英語を通して身につけるべき学習の基本である。また、素直であり、忍耐力があり、理解力があり、さらに努力できる人間を育てることが教育の基本だそうだ。

そして、これが医療・看護系の仕事を目指す人間の姿であるとゆ～先生は考える。弱い立場の人間を相手にする人は、さまざまな考えを持ち、他人と意見を共有できるようにならなければいけない。つまりそれは、相手を理解するということ。看護大学受験者の補習では、新聞の投稿記事などを読んで、多様な意見に接し、幅広く考え、他人との意見を共有できるようになり、自己表現とコミュニケーション能力を身につけることに重点を置いているそうだ。ゆ～先生は医療・看護系の進学者にこう語る。

「二十一世紀に必要なものは、環境と生命の共生であり、医療、看護、介護に従事する者の役割がとても重要になる。私が生徒に望むことは、私を含めた二十世紀の人間が破壊してきた命と環境の関係をなんとか修復して、二十二世紀にバトンタッチしてほしいということ。」

一見、何のつながりもないように見えた『看護』と『英語』。だがそれは『理解』という一つの言葉でつながっていた。教師生活四十五年で培った、ゆ～先生の熱い思いが、医療・看護を目指す生徒だけでなく、この記事を読んだ本校生徒全員の心に届くことを祈りたい。

王道を歩いてくれ！

想定外のマグニチュード9の大地震と想定外の15メートルの高さの大津波と想定外の原発の崩壊と放射線漏れ、更に想定外の事故に備えたはずのバックアップ・システムが想定外の不作動で崩壊しつつある日本だが、ここ花咲く丘の高等学校では普段と同じように授業が始まった。

最初の授業は三年生の選択のライティングで、選択者は十二名だった。

『美しいノートを作成する人の心は美しい。美しい心は顔の表情にも表れてくる』と板書してから、生徒の方を振り向いて、

「おお、このクラスはみんな素敵な顔に見えるな。オレの目が霞《かす》んでいるわけではないぞ。きっと君たちの作るノートは美しいはずだ。では、出席をとることにする」と

言って、

「朱莉《あかり》、彩華《あやか》、由貴《ゆき》、紗美《あさみ》、琢磨《たくま》、立英《りつえい》……」すると、立英が、

「僕は久しぶりに『リツエイ』って呼んでもらえました」と嬉しそうに言った。（実は、キラキラネームが多いので、予《あらかじ》め調べておいたのだ。）

「雄哉《ゆうや》、洋輝《ひろき》、日奈子《ひなこ》、加恵《かえ》、楓《かえで》、裕子……う～ん、『ゆうこ』か『ひろこ』かだけど、絶対に正しく呼ぶぞ。……ヒロコ」

「はずれです。私は『ゆうこ』です」

「え？　そうか。オレは昔から二者択一《にしゃたくいつ》には弱いんだよ。オレの前に二つの道があるとき、オレはなぜか普通の人が行かない方の道を選んでしまい、あとになって後悔する羽目《はめ》になるのさ。その上オレは判官贔屓《ほうがんびいき》で、このへそ曲がりの性格は死ぬまで直らないよ。しかし、君たちにはそうなってほしくないんだよ。決してオレのように邪《じゃ》の道には踏み込まずに、王道を歩んでくれよ。そして、好きになるなら『巨人、大鵬、卵焼き』だよ。オレは『阪神、柏戸、生卵』が好きなんだけどね。とにかくオレの指導に従って美しいノートを作り、コツコツ勉強を重ねる。この素直さが『王道を歩く』ってことにつながるのだから」

トップレス

ついに摂氏三十度を超えた真夏日の授業。入学したのが四月で、時が流れて早や六月の末となった。この生徒たちもすっかり学校に馴染《なじ》んでいる。「せんせ～、暑いよ～、暑すぎるよ～」と言いながら、一丁前《いっちょうまえ》に扇子《せんす》を使っている。教科書は忘れても制汗スプレーは忘れていない。

本日の英語は『現在時制』の勉強だ。刻々と流れている時間の中で、現在とはいつなのか。『現在』はすぐに『過去』に移行してしまうから、『現在』なんて存在しないに等しいのだ。だから、現在形で言い表せる状況はごく限られている。You eat lunch.（君は昼飯を食う）という文は意味をなしていない。This is a pen.と同様に、何を言いたいのかよく分からない、イメージの湧かない文章なのだ。だから、現在時制が使われるのは次の場合に限られる。

① 事実を表す場合。Most Japanese eat rice.（日本人の多くは米食である）

② 習慣を表す場合。I usually eat sandwiches for lunch.（私はふだん昼食にサンドイッチを食べる）

③ 真理を表す場合。The sun rises in the east.（太陽は東から昇る）

では、応用問題です。

I swim in the sea.（私は海で泳ぐ）は意味が曖昧《あいまい》でイメージしづらい文だから、これに副詞のような語句をつけて意味の明確な文にしなさい。

彩夏《あやか》の文、I usually swim in the sea.
有紗《ありさ》の文、Every year I swim in the sea.
大也《だいや》の文、I want to swim in the sea.
私、「う〜ん。大也の文も正解かな？　大也の現在の気持ちがよく表れているよ。なるほど、今気づいたのだが、wantは『現在の思い』を表す表現なんだね」
すると玲奈《れな》、「私の『思い』は、I want to swim as soon as possible.です。だから早く海で泳ぎたいよ〜」

私、「もうすぐ体育は水泳授業だろ。玲奈は泳ぎが得意なの？」

玲奈、「でもないけど、海がいいよ～。ビキニが着れるし、ビキニで泳ぎたいよ～」

私、「ダメ、ダメ。十八歳未満のビキニとトップレスは法的に禁止なんだからね」

彩夏、「せんせい、トップレスってなんですか？」

私、「う～ん。サッカーで普通はツー・トップだけど、ザッケローニ監督はスリー・トップのフォーメーションを組むよね。もし、フォワードに一人もいなかったら、それが『トップレス』だよ」

彩夏、「……？？」

ビーチ・バレー部で選手をしている香織《かおり》が言った、

「うちらが試合の時に着《つ》けるのを『トップス』って言います」

「へえ～、トップスって言うのか。なるほどね。二個のトップに着けるからトップスって言うのか。そのtopsを着けていない状態がtopless《トップレス》だよ」

納得した様子でにこにこ笑っている香織と目配《めくば》せしながら、私は教師らしく締《し》め括《くく》った。

「みんな、分かっただろ？　単語に『～less』をつけると『～がない』という意味になるのだ。では、家の無い人をなんと呼ぶか？」

生徒全員、「ホームレス！」

Where the Road Ends

夏休みが終わった。さっそく授業が始まった。残暑どころか真夏のように暑い。エアコンのない教室では、出入り口の戸を全部取り払って、少しでも多く風を入れようと工夫している。

『秋来ぬと　目にはさやかに　見えねども　風の音にぞ　おどろかれぬる』（古今和歌集・藤原敏行）。毎年九月始めの授業に出るときは、いつもこの歌が頭に浮かぶ。

二年生の教室に入ると、

「せんせ～、今日はまだ暑いのに、まじで授業するんですか？　夏休みの話とかはしてくれないのですか？」

「二年生は修学旅行で授業がつぶれるから、どんどん進むぞ」

「え〜、せこい。せこ過ぎるよ〜。……あれ、せんせいの首に掛けている金色のは何ですか？」

「おお、これはループタイの飾りで、エジプト文様《もんよう》だ」

「え〜、まじ？　エジプトで買ったんですか。本物の金ですか？」

「そうだよ」と答えた。（実は、上野・国立西洋美術館のエジプト展で買ったもので、金ではないのだ）

「せんせい、そのベルトはブランドものですか？」

「おお、よくぞ聞いてくれた。これはセリーヌの製品で、バックルの文様は古代の将軍が乗っていたチャリオットという二輪馬車だよ。セリーヌはもともと馬具職人だったからね」

「ゆ〜先生ってブランドに凝《こ》っているんですか？　んなら、腕時計はロレックスですか？」

「これ？　これはセイコーというブランドの時計で、オレの高校時代からの親友が、セイコー※の社長をしていた時にもらった逸品なんだぞ」

「セイコーって知りません。セイコーって何ですか？」

「おいおい、いま韓国でやっている世界陸上の、ゼッケンは『ＴＯＹＯＴＡ』だけど、短距離のスターティングブロックを見てくれよ。『ＳＥＩＫＯ』の文字が入っているから。オリンピックの水泳競技の計測だってセイコーなんだから。『セイコー』は世界のブランドなのだぞ」

「そうなんですか。そこの社長と親友なんですか。ゆ〜先生は偉かったんですね」

「まさか。オレが偉いわけないだろ。親友の江間君が偉いんだよ。オレの何倍も苦労して頑張ったんだ。頑張った分だけオレの何倍も偉くなったんだよね」


生徒に乗せられて余談をしている間に、気づけば十五分も経ってしまった。ようやく英語の授業に入った。テキストの英文は、ある歌を流してほしいとＤＪに宛てたＥメールである。

I am sending this e-mail to ask you to play a song on next week's program. I want you to play my favorite song, "Where the Road Ends"by Peter Mitchell.
「さて、この歌の題名、『Where the Road Ends』をどんな訳にしたらいいか。自分のフィーリングに合った題名に訳してくれ。

生徒の訳は、『道の終わり』『終着地』『旅路の果てに』など、など。智哉《ともや》が「『Where the Road Ends』を繰り返して読んでいたら、悲しい気分になってきました」と言った。

「そう。悲しい、侘《わび》しい、虚《むな》しい、やるせない。そんな気持ちにさせる言葉なのかも知れないね。または、長い旅がようやく終わる、その安堵感《あんどかん》があるのかも。青い鳥を求めて流離《さすら》い続けた人生。その人生の旅がもうすぐ終わる。

アウンサンスーチーさんは『新ビルマからの手紙1997〜1998／2011』（土佐桂子・永井浩・毎日新聞外信部訳，二〇一二年，毎日新聞社）で、こう書いている。

『当初は旅を単に物質的移動というふうにとらえ、ひとところに安住しない生き方は、すてきで、冒険に満ちていると感じたのだった。

ヒマラヤの研究者だったマイケルと結婚して、この思いはさらに強まった。（中略）私たち夫婦にとっては、旅人のような逍遥《しょうよう》生活が当たり前だった。

息子たちが生まれてからも、旅は人生そのものだった。（中略）

長年にわたる自宅軟禁の間に、私は、旅が人生ではなく、人生こそが旅なのだと思い至った。（中略）

人生とは、微細な変化の日常を、長い年月をかけて積み重ねながら歩んでいくものではないだろうか。』

スーチーさんが言うように、人生そのものが旅であるとするならば、Where the Road EndsをWhere the Life Ends と書き換えることができる。

無限の夢を信じて、その夢ゆえに希望を抱いて生きてきたのに、今やその夢も果てようとしている。道の終わりは旅の終わり。夢の終わりは人生の終わり。

Where the Road Ends は、夢果《は》てた終焉《しゅうえん》の地なのかもしれないね。

それでは、今日の最後は、小林一茶の句で締めくくることにするよ」

『これがまあ　終の栖か　雪五尺』

In vain I wandered along to where the road ends, two meters of snow!

※セイコーとはセイコーウォッチの販売会社のこと。

愛は線香花火

There used to be a tall pine tree here when I was a boy.（僕が子供の時、ここには大きな松の木があったものです）

「『used to～』は過去の状態を表す言い方で、現在と対比させて『～だったものだが、今はもう無い』といった昔を懐《なつ》かしむ気持ちで訳します。あの松の大木でさえ今は無くなってしまった。考えてみれば、永遠なものなんて存在しないのかな。『Never《ネバー》 forever《フォエバー》.』なんだなあ」と言うと、

「せんせい、愛は永遠です」と茜《あかね》。

「そうかなあ。愛だって線香花火のようなものだと思うけどなあ。闇夜にぽっと燃えて、火花が弾《はじ》けてすぐに散ってしまう。大切に、大切にしていたものだって、いつかは無くなってしまう時がくる。儚《はかな》いなあ。無常《むじょう》だなあ」

「今日のゆ～先生は、ちょっと変ですよ。どうしたの？ 奥さんと喧嘩ですか？」

「えっ？ う～ん。というよりも、あの３・１１以来、オレの価値観が崩れちゃって

さ。人間不信っていうより、自分不信状態なんだよ。でも、線香花火って好きだなあ。闇夜を密《ひそ》やかに点《とも》してくれて、ぱっ、ぱっと美しく弾けて、もう少し待ってくれと思っている間に消えてしまう。愛も人生も線香花火なんだよなあ」

「あたしはスターマインがいいです。やっぱ、花火はスターマインです」といつも、いつも前向きな茜でした。

英語教育もＴＰＰの一環か？

三年生の授業で、イギリスの作家モームが読書について述べている英文を扱った。
The first thing I want to insist on is that reading should be enjoyable. Of course, there are many books that we all have to read either to pass the examination or to acquire information, from which it is impossible to extract enjoyment. **We are reading them for instruction, and the best we can hope is that our need for**

it will enable us to get through them without tedium. Such books we read with resignation rather than with willingness. But that is not the sort of reading I have in mind.

和訳　先ず私が力説したいことは、読書は楽しくあるべきだということです。もちろん、試験に合格したり情報を手に入れたりするために、私たちの誰もが読む必要のある本も多くあるが、そのような本から楽しみを引き出すことは不可能です。そういった本は知識のために読んでいるのであって、私たちに望めることは、せいぜい必要な知識を得るために退屈せずに読み通すことができればいいということです。そのような本を私たちは喜びというよりは諦《あきら》めの気持ちで読むのです。しかし、それは私が考えている類《たぐい》の読書ではありません。

この教材から読み取ってほしいのは次の三点です。

①　関係代名詞を含む英文の構造を理解する。

モームの文章は英語構文の宝庫でもあるから、文構造を理解したあと、ＣＤを何回も聞いて音読したりしながら、できれば全文を暗記する。

② 太字の文で、itとthemを具体的に理解する。
英文の内容をより深く理解するために、代名詞が何を指しているかを考える。素早く正解するのではなく、あれこれ考えることを楽しみたい。

③ 最後の文章から、モームが考えている『読書』についてDiscussion《話し合い》をする。
他者の考えを理解した上で自分の考えを構築するために、あれこれ想像するのは楽しいことだ。

この授業に生徒が乗ってくれれば、英語を学ぶことは面白く、楽しいものになり、いわゆる教養も身に付くのだ。しかし、そうは問屋が卸さない。

A君が言う、「先生、これってセンター試験に出る?」

※センター試験に対応するだけなら、CDを聞いて内容を一応理解するだけでいい。
①、②、③のように掘り下げて思考を巡らす必要はない。

B君が言う、「こんなの面倒くさいよ。英語を話せるようにはならないのに」

※日常会話なら中学校の教科書で十分だ。あとは勝手に駅前の「～英会話教室」か、石川遼君がマスターしたという「スピード～」でやればいいさ。しかし、大金を払ってても絶対にマスターできないぞ。オレの授業を面倒くさがっている君ではね。

C君が言う、「日本人なのに、何で英語なんてやるんですか」

※日本人だからコメだけを食べていなさい、と言われたら腹を立てるに違いない。君は世界史の時間にも「日本人だから世界史はやらない」ってごねているのかな？

しかし、C君の言い分には一理ある。

今年から小学校でも英語が必修になったが、小学校でこそ日本語に時間を割《さ》いてしっかりと教えるべきだ。日本語の発音さえも教えていないのに、英語の変な口つきを教えるなんて、本末転倒だ。このままでは、日本の英語教育はＴＰＰに巻き込まれて、いつの日にか日本人としてのIDENTITY《アイデンティティー》を失ってしまうことになる。IDENTITY《日本人らしさ》を失わずに、しかもCOSMOPOLITAN《国際人》としての深い教養を身に付けるためには、実用英語のレベルに留《とど》まらずに、付加価値《ふかかち》の高い教養としての英文読解が必要になるのだ。それには、モームの英文を折り目正しく読み取ることだ。世界一流の教養人の考えを原文によってきちんと解釈できるなんて、わくわくするではないか。

独白。物事を文脈の中で判断できない人間が増殖している。特に、一部の政治家やジャーナリズムが相手の言葉尻《ことばしり》だけに反応している。この子供じみた様子に、私はなんともいえない危機感を抱いている。さらに、知識人や学者や専門家の中には、想定内での思考しかできなくなっている人もいるようだ。この元凶《げんきょう》は与えられた選択肢の中でしか考えさせず、想定内の答えしか認めないセンター試験にもあるのだ。

黄色い秘密

十一月に入ると、寒波が例年よりずいぶん早くやってきた。学校の規程では、朝八時の外気が十度以下になったら、ストーブを焚《た》いてよいことになっている。先週は五度を割る日もあったが、ストーブは入らない。早すぎた寒波に灯油を貯蔵する地下タンクの点検が間に合わないのだそうだ。点検は今日ようやく終わったが、消防署の許可が下りるまでは焚けないらしい。

まだストーブの入らない寒い雪国の高校だというのに、女子生徒は相変わらずミニスカートのままだ。膝掛《ひざか》けなんかを持って来たりはしているが、彼女たちの脚《あし》は相当冷えているに違いない。

四限目の一年生の授業で、私は寒さに逆《さか》らうかのように、黒板に英語を書きまくった。あれが重要だ、ここがポイントだなどと喚《わめ》きながら、黄色いチョークで波線や丸印をつけまくったので、授業が終わる頃には右手がチョークの粉で黄色くなっていた。黄色のチョークは手についたら中々落ちない厄介《やっかい》な色である。

授業が終わって教室から出ようとしていると、冷え切ってしまってトイレにいくのを我慢していたのだろうか、真衣《まい》が私よりも先に廊下に飛び出そうとしたので、「アフター《先生が》　テイチャー《先》」と言って真衣の手をぐいと引っ張った。私に掴まれた真衣の手首はチョークの粉で黄色くなった。

「わあ〜、あたいの手が黄色くなったよお」と真衣が抗議した。

「ほんとだ、ゴメン。でも黄色は真衣とオレの秘密の色だから、いいんじゃない？」

「そお？　黄色はシークレットってこと？」と真衣。

「そうさ。Yellow is secret between Mai and me.だよ」と答えると、真衣は、

「イエロー　シークレット、イエロー　シークレット」と叫びながら駆けて行った。

一里塚の黒松物語

初雪の季節になると思い出すことがある。十一月下旬のある小春日和の日、明るい

空気がとっても爽《さわ》やかだったので、授業の合間に、冠雪を戴《いただ》いた妙高連峰を四階の教室の窓越しに見やりながら、『一里塚の黒松』の話をした。

語り終えた時、昂大《こうだい》君が言った。

「もしかしたら、あれがその黒松だったのですね。小学生の頃、僕たちは学校の帰りに、道路に剥《は》げ落ちて散らばっていた硬くて分厚《ぶあつ》い亀の甲羅《こうら》みたいな形をした木の皮のピースを拾い集め、ジグソーパズルのように組み合わせて、太い裸の切り株に嵌《は》め込んで遊んでいました。僕たちはその木を『ジグソーパズルの木』って呼んでいたんですよ。そうだったのですか、僕たちを遊ばせてくれたあの木が一里塚の黒松だったのですね」


そこには一本の松の木があったのです。樹齢が二百六十年にもなるという、とっても大きな黒松でした。そこは、長野県から新潟県に入った北国街道（現在の国道18号線）の一里塚だったのです。

寛保元年（一七四一年）、姫路城主榊原政永《さかきばらまさなが》は、八代将軍吉宗の命により、播磨《はりま》の姫路から越後の高田に移封《いほう》されたのですが、このとき政永に従って来た家老の※小方金《おがたきん》四郎《しろう》が姫路城の黒松の種子をこの一里塚に植えたと伝えられています。ですから、この黒松は由緒《ゆいしょ》正しい黒松なのです。

……あの頃、私がまだ小学生だった終戦直後のあの頃、子供たちは毎日この黒松の下で、群れて遊んでいました。

そこまで一直線に下ってきた国道が、小高い土手に突き当たって大きく右にカーブを切っているのですが、黒松はその土手の上に聳《そび》えていたのです。黒松の下の国道のカーブは大きく膨らんで広場のようになっていたので、子供たちにとっては格好《かっこう》の遊び場でした。

この黒松の下の小さな広場で、私たち男の子は黒い鉛の貝独楽《べいごま》を回したり、野球選手や武者絵が描かれているさまざまな大きさの面子《めんこ》の取り合いをして、日がとっぷり暮れるまで遊んでいました。女の子は石けりをしたり、松ぼっくりを集めてお人形を作ったりしていましたよ。また、松脂《まつやに》は、チューインガムの代わりに噛《か》んだり、鳥もちにしてトンボを追いかけたりもしました。そうそう、いつも妙高山から降《ふ》って来る夕立《ゆうだち》が山裾《やますそ》の県道を下って私たちの方に迫《せま》ってくると、私たちは夕立と駆《か》けっこをしながら、黒松の下に逃げ込んだものです。

このようにして、黒松は二百六十年もの間、毎日毎日、その下で遊ぶ子供たちや、その下を通り過ぎて行く人たちを見守っていたのです。お父さんやお母さん、おじいちゃんやおばあちゃん、またそのお父さんやお母さんのことだって、この黒松はしっかり見守ってくれていたのです。それなのに、道路がアスファルトで舗装されてしまうと、黒松や松ぼっくりはまるで邪魔もの扱いです。

ある年の初雪の朝、淋しさに耐え切れなくなった黒松は、その長い枝を大きくブルブルっと震わせました。すると枝に乗っかっていた柔らかな雪の小さな塊《かたまり》が一つ、下を通りかかった小学生の黄色い傘の上に落ちてきました。その黄色い傘の女の子は、上を向いて、

「あら、こんなところに大きな木があったんだわ」とつぶやきました。

黒松の尖《とが》った葉の先端には無数の水滴が凍《こお》りついていて、まるで透明なビーズのようでした。突然、朝日が射してきたので、黒松の葉先のビーズが一斉にダイヤモンドのようにきらきらと輝きました。女の子はとっても嬉しくなって、軽やかにスキップ

しながら仲間のあとを追いかけて行きました。そして、放課後になると大急ぎで家に帰って、宝石をいっぱい載せた黒松のことをお母さんに報告したのです。

あくる日、その女の子の母親が学校へ乗り込んできて、「通学路に突き出ているあの松の木はとっても危険だから早急に処分してください」と校長先生に訴えました。校長先生は、子供たちがちょっとだけ注意して通ればいいのだから、処分の必要はないでしょうと答えたのですが、母親はとうとう教育委員会に訴えたのです。教育委員会は土木課に相談しました。その結果、

「学童の通学路に太い枝を突き出しているあの老松は邪魔であり、かつ危険でもある」と結論づけたのです。

数日後に、大きなクレーン車やレッカー車などが黒松退治にやってきました。黒松は、先ずその枝から切断されました。それから首のあたりに太いロープが巻きつけられました。ロープに吊るされている間、この由緒正しい黒松は、いろいろなことを思い浮かべていました。不思議なことに、この道を通って行った何万人もの人々の姿や、ここで遊んだ何百人もの子供たちの一人一人が鮮明に蘇《よみがえ》ってきたのです。

苛《いじ》められて根元にしゃがみ込んでしくしく泣いていた恵美ちゃんのこと。苛めっ子

の国男の頭に固い松毬《まつかさ》を落としてやったこと。その恵美ちゃんが、とってもきれいな花嫁衣裳姿になって、この下を静々《しずしず》と歩いて行って、国男のお嫁さんになってしまったこと。それに、この根元の土の中で仮眠しているセミの幼虫たちは、いったいどうなってしまうのだろう。

そんなことを思いやっていると、チェーンソーがウイーン、ウイーンと唸《うな》り声をあげて接近してきました。そして胴体が三等分に切り分けられていったのです。あまりにも太すぎたせいか、それとも日が暮れてしまったせいなのかは分かりませんが、由緒正しいあの黒松は、根元の方が子供の背丈くらい切り残されたままになってしまいました。

以上の話は、一九九九年の暮れの出来事です。切り残された黒松の切り株は、冬の間すっぽり雪の中に埋まっていました。二十世紀が明けて、二十一世紀になり、雪がすっかり消えた頃には、その切り株があの由緒正しい黒松だったことなど、誰もが忘れてしまいました。

時が経つと、黒松の分厚《ぶあつ》い表皮が幹から剥《は》がれて亀の甲羅《こうら》のような文様《もんよう》になって、一枚、また一枚と根元に落ちてゆきました。とうとう半分ほどの表皮が切り株から剥がれ落ちてしまいました。

丁度その頃、小学生だった上保昂大くんたちが、黒松の切り株の存在に気づいて、その根元にたまっていた幾何学模様の表皮をジグソーパズルのように、裸の幹に一枚一枚、丁寧《ていねい》に着せてあげていたのです。

そして、因縁《いんねん》とは誠《まこと》に不思議なもので、昂大くんは、この一里塚に黒松を植えた小方金四郎の十一代目の子孫に当たるのですよ。

最後の最後に昂大くんに看取ってもらえたので、この由緒ある黒松は満足して朽《く》ちていったことでしょう。それにしても、私たち人間って身勝手な生きものですね。

※小方金四郎については、小方芳郎著『過ぎし日々：一化学者の軌跡』（精華町（京都府））による。

上越名所『地吹雪街道』

晩秋には柳葉《やなぎば》ひまわりの鮮やかな黄色で彩られていた花の錦《にしき》街道も、冬期間は『地《じ》吹雪《ふぶき》街道』に変貌《へんぼう》する。夜の間に地吹雪防護柵をかい潜《くぐ》って吹き付けた雪で、道路は真っ白になっている。早朝の道路には、凍結した轍《わだち》の跡が光っている。私は自分の車の性能と速度を計算しながら、このスリリングな地吹雪街道を通勤している。今朝も二台の車が道路脇に横転しているのを尻目《しりめ》に、ようやく学校にたどり着いた。

二年生の授業は「分詞」を扱った。

例文① Who is the lady **looking** into the shop window?

（ショーウインドーを覗いている女性は誰ですか）

② The player **injured** during the basketball game was taken to the hospital.

（バスケットボールの試合中に怪我をした選手が病院に運ばれた）

説明① 現在分詞は「～している」と訳す。

②過去分詞は「～された」と受動的な意味に訳す。

私、「説明の①と②はそれぞれ例文の①、②に該当するのだが、納得できたかな」

生徒、「①は分かりますが、②は『怪我をした』がどうして受動的なのか納得できません」

私、「injureは『怪我をさせる』という意味の他動詞だから、他動詞の過去分詞は受動だよ。直訳は『怪我をさせられた選手』だけど、日本語的には『怪我をした選手』となるのさ。I was surprised at the news.を『そのニュースに驚いた』と訳すのと同じだよ」。それにしても、②の例文はあまり適切ではなかったかも、だね」

……窓の外は相変わらず吹雪いている。また寒波が居座《いすわ》って、大雪は当分の間続くとの予報。すでに3メートル以上も積もっているのに、あと一週間も降り続いたら、積雪5メートルを超える豪雪になってしまう、と一瞬考えていると、次の例文が浮かんだ。

「I am afraid the house built nearly 100 years ago will collapse under this heavy snow.」

（百年近くも前に建てられた家はこの大雪で倒壊するのではないかと心配だ）

私、「どうだ。この例文なら納得してくれるかな？」

生徒、「その家って、ゆ～先生の家ですか？」

私、「ああ、そうだけど。それにしても、この雪、この寒波は節分頃まで居座るそうだよ」

生徒、「やっぱ、マヤの予言の日が近づいているせいじゃあないですか？」

私、「まあ、そうかもね。でもジタバタしないで、ここは淡々と英語をやるよりしょうがないいな」

生徒、「そうですね。先生も、お家《うち》のことなど心配しないで、元気を出してください。その時がきたら、僕たちが雪おろし手伝いますから」

私、「ありがとうよ。リップサービスというか、お世辞でもそう言ってくれると嬉しいよ。君たちは着実に人間力をつけているね。君たちは確実に進化しているってことだね。お世辞じゃなく、オレは凄く嬉しいよ」

第五部　花の錦街道を行く

（二〇一二年四月〜二〇一三年三月）

おばあちゃんがくれた名前

また、新しい年度が始まった。今日は四月十一日。新二年生の最初の授業だった。先ずは生徒の呼名をする。凝《こ》った名前の生徒が多いので、予め学級担任に確認しておけばよかったのだが、『橋立才輝』をどう読むか。

「『はしだて　さいき』君」

「ぼくの名前は『としき』です」

「そうか。才能の才かと思ったが、一歳、二歳の『とし』なのか。良い名前だね。お父さんが考えたの？」

「祖母がつけてくれました」

「えっ？　おばあさんがつけてくれたのか。よく考えたものだなあ。君のおばあさんは凄く博識なんだね。今でも君のことを一番可愛《かわい》がってくれているんだろうね。おばあさんによろしく伝えてよ」

「今おばあさんは家にいないんです」

「そうか。同居じゃないのか。おばあさんはどこに住んでいるの？」

「病院です。もう弱っていて、言葉がしゃべれないんです」

「そうなのか。では、今日にでもお見舞いに行って、オレの言葉をしっかり伝えてよ。おばあさんの手をじっと握ってさ、『おばあちゃん、僕の名前をありがとう。英語の先生に褒《ほ》められたよ。おばあちゃんの才能は凄いってさ』と伝えてあげなよ」

「はい。さっそく見舞いに行きます。これが最後のおばあちゃん孝行になるかもしれません。おばあちゃんは、きっと喜んで旅立っていくと思います」

笑えって？　それは無いっす　教師ギャグ

今日は『比較』の授業だった。原級を終えて、比較級の最後の例文に入った。
Melons are usually more expensive than apples.
（メロンは普通リンゴよりも高価です）

「～erをつける規則変化の形容詞とbetterのような不規則変化の形容詞は説明した。この例文の『expensive』のような三音節以上の長い単語は、moreをつけて比較級をつくるのだ。

それにしても、大きなメロンと比べられた小さなリンゴは可哀想《かわいそう》だよ。栄養価で比べれば、オレが毎朝食べているリンゴの方が『more nutritious《もっと栄養がある》』なはずだ。余談はさておいて、さっそく最上級に入るぞ」と言ったところ、

「先生、今日は進度が早すぎます」と生徒。

「そうかな。今日は水曜日だから、スイスイ進むのだよ」

このギャグは、あまりにも稚拙《ちせつ》だとは思ったが、一応言ってみたのだ。案《あん》の定《じょう》、生徒は誰一人として反応してくれない。

「おい、今ギャグを言ったんだぞ。ギャグだって気づいただろ。気づいたのなら、笑ってくれよ。面白いとか面白くないとかの問題ではないんだ。教師への思いやりが有るか無いかの問題なのだ。知恵を絞ってやっと言ったギャグなのに、相手にされないオレって可哀想だよ。あ～あ、今日はオレもリンゴも可哀想な日だ。そう思うだろ。もう一度言うぞ。水曜日、スイスイ進む英語の授業」

タイミングもずれてしまったし、今更《いまさら》笑うにも笑えないといった様子の生徒たち。ぐるりと見渡すと遥香《はるか》と目が合った。遥香は頷きながら、ちょっとだけ笑った。

そこで一句『おやじギャグ　笑ってくれた優しい少女《こ》』

てにをは清音返《せいおんがえ》り

一年生の授業で、先ず文型《ぶんけい》を教える。

「日本語でも英語でも、文には必ず主語（S）と動詞（V）があります。主語と動詞がなければ、『文』ではありません。文の骨格を作るものは、SとVのほかに目的語（O）と補語（C）があります。SとVに、OやCを組み合わせることで、骨組みのパターンが五つできます。この五通りの骨組みのことを『5文型《ごぶんけい》』というのです。
S、V、O、C以外のものは修飾語《しゅうしょくご》です。修飾語は骨組みに付いている肉や脂肪類、それに肉体を飾りたてる衣類のようなものです。形容詞や副詞は修飾語です。骨組みだけでは味気《あじけ》ないけど、修飾語が付きすぎるとメタボになってしまいます。

Jim bought his son a baseball glove.（ジムは息子に野球のグローブを買った）

日本語の主語や動詞や目的語などは『てにをは』によって決まりますが、英文のSVOCは語順《ごじゅん》で決まります。だから英文は語順が大切なのです。

「『野球のグローブをジムは息子に買ってやった』という日本語は意味が通じるけど、『A baseball glove Jim his son bought.』では意味が通じません」と説明したところ、

「先生、『てにおは』ってなんですか？」と生徒。

「『てにをは』は、てにおはで、日本語の助詞のことだけど、そう言われてみると、？？、でも、てにおはは、やはり『てにをは』だよ」

「そうですか。には、彼にの『に』で、おは、グローブをの『を』で、はは、彼はの『は』だと思いますが、『て』は何ですか？」

「なるほど、君たちはなかなか考えるね。そう言われてみると、『て』は何だか、てんで分からない。（一瞬、『買って』の『て』だよと言おうとしたが、ちょっとインパクトに欠けるので）、ああ、分かったぞ！　きっと、補語を示す「～の状態で」のでが清音《せいおん》の『て』になったんだな。いわゆる『清音返り』という現象だよ」

生徒は、『せいおんがえり』などというわけの分からない捏造語《ねつぞうご》に誤魔化《ごまか》されて、妙に納得してしまった。

翌日の授業で、

「昨日の『てにをは』だけど、調べてきたよ。漢文の返り点みたいなものを『てにをは』と呼んでいたのだが、今では日本語の助詞のことを指すのだそうだ」と弁解したところ、

「なら、昨日の先生の『清音返り』は撤回《てっかい》なんですか？」

「いや、君たちの解釈は的《まと》を射《い》ていたし、オレの屁理屈《へりくつ》だって天才的なものだったから、撤回には及ばないさ。高校へ入って初めての生徒と教師がコラボレーションした力作として商標登録しておくよ」と言ったら、なんと、生徒が一斉に拍手してくれた。

水彩画の中で

雪が消えて間もない、まだ殺風景《さっぷうけい》な山々に可憐《かれん》な風情《ふぜい》を与えてくれた山桜が散ると、ようやく、この山里にも新緑の季節がやってきた。わが校舎の裏山も今は新緑に包まれている。一斉に芽吹いた木々に覆《おお》いかぶさるようにして、幾重《いくえ》もの藤の花房が垂れ下がっている。柔らかな新緑に包まれた裏山が、幾層にもなって、淡紫色に染まっている。朝の陽射しが柔らかな新緑をさらに柔らかく、淡色の藤をいっそう淡くしている。柔らかな、淡い水彩画の中に存在しているわが校でも、一学期の中間試験が始まった。

一年生の英語テストの最後の問題に、「Lesson 1」の話の中で、心に残ったこと、感想を書きなさい」（5点）という問題があった。

私のクラスの模範解答者は詩織《しおり》さんで、「国ごとによって、いろいろな『あいさつ』の仕方があることに気づきました。チベット人が挨拶で舌を突き出すのが面白いなあと思いました。挨拶の仕方というのは文化の違いなんだと知りました。でも、世界中どこでも使える挨拶が『笑顔』だと知って、びっくりしました。私も笑顔が美しい人間になりたいです」

出題の主旨を全然理解していない鉄矢《てつや》くんの答案は、「僕は英語が苦手でしたけど、楽しい授業のおかげで少しずつ英文を読めるようになってきました。少しでも読める単語が増えると嬉しくなりました。これからも読める単語を増やしていきたいです」

さて、どう採点しようかと、一応、出題者の先生に見せたら、「あら、かわいい解答ですね」って言ってくれたので、花丸をつけて満点の5点にした。

百合と生徒と夏至の午後

夏日が続くので、今日からワイシャツは半袖にした。長袖のときは普通のネクタイをしていたが、半袖にはループタイをして午後の一年生の授業に出た。期末試験の直前なので、質問を受けたりしながら、ゆっくりと授業を進めていると、生徒は目敏《めざと》く私の服装の変化に気づいた。

「先生、今日はどうして首に紐《ひも》を巻いているんですか？」と諒太《りょうた》。

「ああこれ？　これは昨日までしていたネクタイの代わりで、オレの夏バージョンだよ」

「首のところの金色のカブト虫のような飾りは何ですか。もしかして本当の金ですか？」と翔太《しょうた》。

「ああこれ？　この甲虫《こうちゅう》はスカラベで、以前上野の西洋美術館でエジプト展を見た時に記念に買ったものだけど、一応本当の金ってことにしておこうかな」

「本当ですか？　なら、触《さわ》ってみてもいいですか？　……ほんとう。金っぽいです。でも先生、スカラベに首を咬《か》まれちゃうから、もっと下に下《さ》げるほうがいいですよ」

と言いながら、彩香《あやか》がスカラベの付いている留め金を数センチ引き下げてくれた。

「ありがとう。でも締《しま》りのなくなった首がなんとなくスカスカして寂《さび》しげなんだけど」

「せんせい、寂しげじゃなくて、涼しげでしょ。せんせい、似合うよ。涼しげでカッコいいよ！」

今日、六月二十一日は夏至で、夏色になった空の真上にある太陽が一番明るくなる時だ。チューリップの季節がとっくに過ぎて、いつの間にか牡丹も散ってしまって、校庭は、すっかり透百合の季節になっている。黄色い透百合が、夏至の太陽をいっそう明るくして、生徒の笑顔が、夏至の午後をさらに明るくしている。

チョコ一つ、一粒だけの下駄履かせ

一学期中間試験の答案を返したとき、陽花《はるか》が嬉しそうに言った。

「先生、ありがとう。いい点とれたよ」

「えっ？　40点で満足しているの？」

「うん。だって、二年のときは、いつも20点くらいだったから」

……七月に入ると期末試験が始まる。

期末試験前の四限目の授業で三年生の教室に行くと、陽花がスナックを食べている。

「何を食べているの？　ダメだよ。没収するぞ！」と言うと、

「いいよ。先生も一個食べる？」と陽花。

「うん？　一個だけならもらおうか」と言うと陽花はチョコレートを取り出した。

「おおっ、ホワイトチョコか。これって賄賂《わいろ》？」と言いながら口に入れた。隣の席で奈津子がにやにや笑っていた。


……期末試験の初日が英語だった。テストが終わると、廊下で陽花と奈津子が近寄ってきた。

「先生、英語は難しかったよ」と前回は90点も取った奈津子が言った。

「先生、あたいんのは下駄を履かせてくれるんだよね」と陽花が言った。

「ああ、この間、賄賂をもらったからな。その分だけはなんとかするよ」と言って、陽花の傍《そば》に一歩近づき、わざと小声で囁《ささや》いた。

「このことは、誰にも漏《も》らすなよ。親友の奈津子にも内緒《ないしょ》だぞ」

すると、陽花は奈津子を見やりながら、

「なっちゃんは覚えが早いけど、すぐに忘れてしまうから大丈夫だよ」と言った。陽花と奈津子は陽気に笑いながら戻って行った。

初めての八十点

一年生に期末試験の答案を返した。この授業は、ほかのクラスと連携しなくてよい単独クラスなので、私が問題を作成した。クラスの平均点は60点だった。私の言うとおりに素直に努力した生徒たちは私の期待通りの点を取るのだが、それにしてもjust 60点の平均点となる作問は神業に近いのだ。

中学時代には決して叶《かな》わなかったような高得点を取った生徒たちは、大喜びである。「合計点は合っているか。採点ミスはないか」と言いながら、訂正用の赤鉛筆を握って教室内を回っていると、杏奈《あんな》が携帯を取り出して、突然「先生、写真とってもいい？」と言った。

「えっ？　いいけど、どうして？」と言うと、ルーム長の秀明《しゅうめい》が、

「ダメだよ。携帯は禁止だから」

「そうか、そうだな。でも、この時間だけは特別にＯＫだ」

杏奈は自分の携帯を隣の光里《ひかり》に渡して私の横に立ち、80点の答案をかざしてVポーズ。私も杏奈に合わせて色鉛筆を握ったままの右手でVポーズ。杏奈が言った。

「あたいが初めて取った80点の答案と、80点を取らせてくれたゆ～先生をお母さんに見せるんだ」

Smile, and Save the World

一年生の授業。テキストで「現在完了形」をやる予定だったが、欠席者が六人もいた。高校野球の県大会が行われていて、わが校は今日の二回戦に進んでいる。このクラスには野球部員四名とマネージャーが二名もいるのだ。これでは授業を進められな

いので、急遽《きゅうきょ》動詞の活用形（現在形↓過去形↓過去分詞形）についての雑談を始めた。

「『失う』のlose《ルーズ》はlost《ロースト》↓lost《ロースト》と変化するが、大切なのはlostの発音で、lostは『ロースト』であって『ロウスト』ではない。長母音《ちょうぼいん》のオーと二重母音《にじゅうぼいん》のオウの区別がつくようになってほしい」と言うと、

「にじゅうぼいんってなんですか？」と玲香《れいか》。

「それはたとえば、玲香を『レーカ』と発音した場合は、エーと長く伸ばしているから長母音。玲香を『レイカ』と言った場合は、エとイの二つの母音を重ねて発音するから、二重母音と言うのだよ」

「よーするに二重母音て、ボイン・ボインのことだろ」と悠馬《ゆうま》がジェスチャーたっぷりに茶化《ちゃか》した。茶利《ちゃり》にしろ野次《やじ》にしろ、生徒が反応してくれたので嬉しかったのだが、ここは無視して、次の説明に移った。

「『聞く』のhear《ヒアー》はhear↓heard↓heardと不規則変化するが、heardを規則変化と勘違《かんちが》いして『ヒアド』と発音している慌て者もいるが、heardの発音は『ハ～ド』だぞ。困難なという意味のhard『ハード』との発音の違いだが、hardのアーは口を大きく開けて佐渡おけさを歌う時のように『ハー』と言うのだ」

heard のア～は、『えっ?』って言う口つきのままで、お腹の方からゆっくり息を出して『ハ～』と発音する。

では、みんなで言ってみよう。……hear, heard, heard……

「コラっ！　うるさい！　後ろの列の光夏《みか》！　勝手にしゃべるな！　減点するぞ！」

「えっ？　あっ、は～い」と言って、我に返った光夏がにっこり微笑《ほほえ》んだ。

「おお？　いい笑顔だ。笑顔に免じて減点は取り消しだ」と言うと、

「え～、先生は光夏を依怙《えこ》ひいきしてるっ」という声がした。

「光夏を依怙ひいきだって？　とんでもない。オレは公平な人間だ。ただ、素敵な『笑顔』に依怙ひいきしているだけだ。いいかい、この二十一世紀に一番必要なものは、皆の笑顔だ。笑顔が世界を救うのだ。だから、若者よ、Smile, and save the world!」

鳶《とんび》に油揚げをさらわれた

野球部の悠斗《はると》とサッカー部の諒真《りょうま》。英語の成績では、二人はトップを争うライバルである。

Kate : This pair of tea cup and saucer cost me fifty dollars.
Nancy : Oh, really? That is too expensive for me.

この英文を聞きとって、悠斗が解説した。

「ケイトが買ったカップとソーサーは50ドルもした。しかし、そんな高価なものはナンシーにはとうてい買えません」

すると諒真が「そのカップは、ふだん紅茶を飲むには高価すぎるが、飾り物としてなら手ごろな値段です」と屁理屈な反論をした。

「実は我が家では、ロンドンで買った一万円のウェッジウッドのcup and saucerでコーヒーを飲んでいるんだぞ」と私は自慢してみせて、

「ところで、expensiveは『高価な』という意味だが、値段が『手ごろな』という単

語を知っているかな?」と質問した。

悠斗が「あっ、分かりました」と手を上げて答えようとしていると、その背後から諒真がいきなり「reasonable!」と叫んだ。

私、「正解! しかし、諒真には勇み足のRED CARD!」

転校生 桃菜

今年は二校掛け持ちで、それぞれ週五時間ずつ教えている。

あとひと月余りもすれば、百五十万本の柳葉《やなぎば》ひまわりで蛍光色のような鮮やかな黄一色《いっしょく》に染まる県内で一番小さな公立高校は、八月二十七日から授業が始まっている。

そして、上越市内で一番規模が大きい私立のこの高校は、今日八月三十日が最初の授業だった。

四十日振りに顔を合わせる一年生の生徒たちだ。勉強が嫌いで、授業が成立しないほど騒々しかった生徒たちも、今日は心なしか私の授業に期待を寄せているようにも見えた。

「やあ、みんな元気だったかな？　なんだか今日はみんなの目が『勉強したい』って輝いているぞ。ひと月余りの間にずいぶん成長したものだな」などと言いながら教室を見回すと、あれ？　窓側の最後列にいる女の子、どうも初めて見る顔のようだ。記憶違いだと悪いので、授業の合間に近寄って、

「こんにちは、元気だった？」と声をかけてみた。

「ハイ。こんにちは。元気です」

「え〜と、名前を思い出せなくって、ゴメンね」と言うと、

「寺内です」

一学期にはいなかった名前だと思った。すると、隣の席の仁成《きみなり》が、

「転校してきた『ももな』さんだよ」と教えてくれた。

「そうか、転校してきたのか。一家転住だね。桃菜さんは県外に住んでいたの？」

「いいえ、市内の一貫校からです」

「そうか、市内の中高一貫校かあ。あそこは凄《すご》いよね。先生たちも、ちょっと張り切

り過ぎているしね」

「はい。勉強についてゆけないっていうか、息苦しすぎて、転校させてもらいました」

「そうだったのか。一貫校は、中学からの五年間で六年分の授業をやってしまうし、あそこはブロイラーを生産する学校なんだよ。みんなで笑ったり、悩んだり、立ち止まって考えたりしている暇なんて無い。ベルトコンベヤで運ばれてくる単語なんかを次々と覚えさせられて、とにかく大学に送り込んだら『ハーイ、一丁上がり』ってやつさ」

「はい。わたしはあの学校に合わなくなってしまって……。この学校に入れてもらえて良かったです」

「まあね。しかし、このクラスの連中、授業中も騒々しいし、オレには一々文句をつけるしさ。それに、英語の授業だってもの凄くゆっくりだから、がっかりしないでね」

「はい。分かりました」

「でもさ、一見だらしなくって、ちょろけていて、騒がしいだけの連中だけど、皆いい奴ばかりだからね。オレを含めて、少々おせっかいなのが玉に傷ってところさ。だから、おいおいに慣れてちょうだいね。ところで、英語のノートは？」

「前の学校では沢山プリントをくれて、それに次々と書き込むようになっていたので、ノートをとりませんでした」

「なるほどね。ノートをとる余裕もなかったのか。でも、ここではノートも点数に入れるからね」

「はい。次からノートを持ってきます」

「えーと、英語のノートの作り方は分かっていると思うけど、念のために……芽生《めい》さん、芽生さんのノートを見せてあげてよ」

　偶然手にした芽生のノートだが、これが全く上手く書けている、美しいノートだった。素敵なノートを見るたびに、もしかして私は素晴らしい授業をしているのではないかと錯覚してしまう。私はいつも生徒に言っている。「ノートは心の鏡だ。しっかりした精神の持ち主はしっかりしたノートを作る。ノートの美しい生徒は心も顔も美しい」

　この転入生の桃菜が素敵なノートを提出してくれたときには、「桃菜さん、この学校に転校してきて本当に良かったね」と言ってあげたいと思う。

夢は『懸け橋』

「せんせい、この日本語、間違っていますか？」返却された定期試験の答案を見て、美穂《みほ》が言った。

She has gone to Tokyo.の訳が、「彼女は東京にいてしまった」となっていたので、1点だけ減点したのだ。

「ああ、ここね。美穂さん、『いってしまった』を『いてしまった』と書いてあるよ。ケアレスミスだね。見直していれば気づいたのにね。でも、あとは完璧にできていたから99点で、クラスの最高点だよ」

「そうですか。わたし、日本語ときどき間違えるから」

「えっ？　どうして？」と聞き返した。すると、後ろの由佳《ゆか》が言った。

「美穂は中国生まれなんだよ。ずっと中国にいたんだよ。先生は知らなかったの？」

私は美穂が中国籍の生徒だとは知らなかった。そう言われてみると日本語の抑揚が少し違っているようにも聞こえるが、関西地方の訛《なま》りなのだと思っていた。

美穂の父親は中国人で、母親が日本人なのだそうだ。中国で生まれ育って、二年前の中学二年生のときに日本に来たのだという。それにしても、たった二年で日本語がこれほど上達するとは、大した才能の持ち主である。

「美穂さん、先生が黒板に書く漢字とかは読めるの？」

「ハイ、だいたい分かります」

私が黒板に書く、やや書き殴りで略字ぎみの漢字を読み取っていてくれたのだ。

「それならいいけど、今度から、黒板にはもっときちんとした字を書くからね。それにしても、美穂さんの才能は凄いよ。きっと中国の学校でも成績が良かったんだろうね。将来はどんな職業に就きたいの？」

「中国の学校ではいつも十番以内でした。将来は通訳とか翻訳の仕事をしたいです」

「そう、いいなあ。日本語を中国語にとか、中国語を英語や日本語にとか。You put Japanese into Chinese, and Chinese into English or Japanese. だよね。日、中、英の懸け橋になるんだよね。いいなあ、夢が広がって」

「ハイ、懸け橋になりたいです」

……う〜ん、このオレも長生きして、美穂が懸けた橋を見たいよ。

結局は秋晴

明け方に降った雨が止んで、秋晴《あきばれ》もどきの清々《すがすが》しい朝になった。しかし、寝不足のせいか頭がすっきりしない。九時少し前に、スッキリしない頭で校門をくぐる。

ショートホームルームが終わって、一限が始まる前の時間帯だ。

車から出ると、「おはようございます」という大きな声が右手の校舎から聞こえてきた。

「おはよう」と答えて、霞《かす》んだ目を凝《こ》らして見上げると、二階の窓を開けて友也《ともや》らしい生徒が手を振っている。肩から鞄をぶら下げて職員玄関に向かって歩いていると、また「おはようございます」という声がした。どうも優太《ゆうた》らしい。

九月十六日から高校生の就職試験がほぼ一斉に始まった。友也も優太も地元の会社を受験して、今日十八日に合格発表がある。就職環境が去年よりもやや好転しているとはいえ、彼らにとっては一生を左右する大仕事だったはずだ。

あと数時間で合否が決まる。数時間後に彼らの運命が決まるのだ。大きな審判の時を控えて、彼らの心は激しく波打っているに違いない。その揺れる気持ちを抑えるためなのか、それとも不安な自分にカツを入れようとしてか、友也も優太も「おはようございます」と大声で叫んだのだろうか。私と秋晴もどきの空に向かって。

十時近くになると、急に北西の風が吹き始めて激しい雨になった。生徒が育てた朝顔のカーテン。いくつかの遅れ咲きの花が残っている朝顔のカーテンを通して、開けられたままの窓から雨が吹き込んできた。

昼休みに合否が発表され、友也も優太も担任の先生から「合格おめでとう」と言われていた。

午後五時頃に職員玄関で靴を履いて帽子を被《かぶ》って、肩から鞄をぶら下げて車に向かって歩いていると、左手の校舎から「ゆ～先生、さよなら」という叫び声がした。見上げると、友也と優太が手を振っていた。合格の喜びを告げようと、すっきりと秋晴に戻った空に両手を向けて、声を振り絞《しぼ》って叫んでいた。

気がつけば、いつの間にか私の頭もすっきりとした秋晴になっていた。

生徒に完敗

二学期の中間試験が近づいている一年生の教室で、テスト範囲をカバーしようと焦《あせ》っているのに、生徒の方は相変わらず騒々しい。校内マラソン大会に備えて3キロも走って来た体育授業の直後の時間ではあるが、私の授業が始まっているのに堂々と自動販売機の飲料を啜《すす》っている奴もいる。私はだんだん腹が立ってきた。

一昔前のことだが、立川談志が高座の最中に物を食べていた客に腹を立てて高座を降りてしまった事件があった。今日の私には談志の気持ちがよく分かる。目障《めざわ》りな客がいると、自分の語りに集中できない。客の質によって落語が良くも悪くもなるのである。名人ほどそうなると思う。

「こら、うるさいぞ！　葉菜《はな》と知佳《ちか》！」とか「なんで静かにできないのだ！　舞《まい》と唯《ゆい》！」などと怒鳴《どな》ってみたが、焼け石に水。あっちを叱ればこっち、こっちを叱ればそっち、とまるでモグラ叩きだ。

モグラ叩きの虚しさと無力な自分の授業に、私の怒りは心頭《しんとう》に達して、本気の大声で見境《みさかい》なく怒鳴った。

「何回も注意しているのに、お前ら、オレの言うことが聞けないのか！」と言って、教科書でバシっと教卓を叩いた。私の怒鳴り声は両隣《りょうどなり》の教室を越えて廊下に響き渡ったそうだ。気まずい空気が漂っているように思える静まり返った教室で、私は粛々《しゅくしゅく》と予定の範囲を消化した。

　翌日は校内マラソン大会だった。私は気まずい思いを引きずったまま、校門をくぐった。職員玄関で、屈《かが》んで靴を履き替えていると、廊下を通り過ぎて行った二人の生徒が引き返してきて、明るい声で「おはようございます」と言った。逆光だったので、私の方からは二人の顔がよく見えなかったが、朝日を背にして微笑んでいるのは確かに葉菜と知佳だった。

　そのまま廊下を進んで行くと、階段から降りてくる舞と唯に出会った。「あ、ゆ～先生だ。うちら、今日は一生懸命走るから、ゆ～先生も応援してね」と言う。昨日はあれだけ怒鳴られたのに、まるでけろっとしている。どうやら、わだかまっていたのは私だけだった。

　いったいどうなっているのかな、あれだけ怒鳴ったのに。そういえば、以前三年生が言っていた。「ゆ〜先生に叱られると、気分がスッキリする。怒鳴っているゆ〜先生はカッコいい」

もしかしたら生徒の方が一枚も二枚も上手《うわて》で、私が彼らの掌《てのひら》の上で踊らされているような気がしないでもないが、素直に受けとって考えると、本当に素敵な生徒たちだ。じっくりと思いを巡らしていると、涙が出てくる。だから今日は、素敵な生徒たちに乾杯！

霙《みぞれ》のような一時間

今日は朝から雨が降っていた。

二学期末試験も終わって、あと一週間ほどで冬休み。答案を返し終えて、あまり気《き》乗《の》りしなかったが、授業に入った。誰かが指で擦《なぞ》った曇りガラスを通して、降りしきる冷たい雨が見えていた。今にも雪に変わりそうな雨だった。

一年生、先ずは『不定詞』の説明から始めた。

「不定詞というのは『形がまだ定まっていない動詞』のことで、三単現のsが付いたり、過去形、過去分詞形、現在分詞形になって形が定まってしまう前の、生まれたばかりの動詞の形、すなわち『動詞の原形』のことだ」と理屈っぽい説明をしたところ、

「それなら、ドラフト会議で所属球団が決まる前の野球選手と同じだ」と秀英《しゅうえい》が足を引っ張る。「せんせい、大谷は日本ハムに行くと思いますか？」大誠《たいせい》が呼応する。

つい乗せられて、「なに？　花巻西の大谷君か。彼はアメリカへは行かずに、日ハムに入団する意思を固めたと新聞に出ていたぞ」と知ったかぶりした私に、

「違うよ、先生。大谷は花巻東高校だよ。大阪桐蔭の藤浪はどこへ行くか知っていますか？」

「知ってるに決まっているだろ。なにしろオレは生まれながらの阪神ファンだからな」

「へえ〜、先生はまだ原形のままなんだ。んなら、どうして英語の先生になったのですか？」

「どうしてって言われたって、なにしろオレは生まれながらの英語教師だからな。

Born English teacher. なんだよ。オレはオギャーって生まれたときから、ハローって言っていたんだ」

これで、すっかり授業が成立しなくなってしまった。すると、ここで今流行中の感染性胃腸炎のために期末試験を受けられなかった杏菜《りな》が、二学期の成績はどうなるのかと聞いた。

「見込み点で出すよ」と答えると、今回は猛勉強したので、受験していれば90点以上は取れたはずだから、見込み点を90点にしてほしいと言う。

「学校の内規で『中間試験の得点の七割程度とする』のだよ」と言うと、

「そんなの嫌だよ〜。80点以下だったら評定が5にならないから、嫌だよ〜」と泣き出しそうな顔だ。

またまた、お節介《せっかい》男の秀英と大誠が「杏菜は風邪を移《うつ》すといけないから、学校へ来たくても来れなかったのに、杏菜が可哀想《かわいそう》だ」と合唱する。私も七割なんてそんなに低い点にしないで、七割の程度の『程度』を高くする心積《こころづも》りなのだが、立場上内規通りに答えるしかないのである。

「なら、お前たちの点を杏菜に分けてやれよ。秀英と大誠で30点分けてやれよ」

「それはないです。そうすれば僕たちは赤点になってしまいます」

「赤点、結構じゃないか。赤点で二人とも進級できなくなれば、このクラスは静かになって授業もしやすくなると思うね」

「勘弁《かんべん》してくださいよ、ゆ～先生。僕たちは先生の授業に貢献しているのですから」

「貢献だって？　ただ足を引っ張っているだけだろ。まあ、確かに二人ともいなくなると、暗いクラスになってしまうな。しかし二人揃《そろ》うと相乗効果《そうじょうこうか》を発揮するから、うるさくて授業にならない。この『Echo Effect《こだま効果》』防止のためにも、一人は潔《いさぎよ》く赤点になってくれ。さて、杏菜のためにというか、このクラス全体のために、わが身を賭《と》して静かに消え去る根性のある男子は、秀英かな、大誠かな？」

ここでチャイムが鳴った。いつの間にか、雨は霙《みぞれ》に変わっていた。窓の外に降りしきる霙のように、雨でもなく雪でもない、締《しま》りのない一時間が終わったのである。

火が落ちるまで

二年生の紹末《つぐみ》は、表情が硬いというか、無表情な少女だ。名前を呼んでも返事が聞こえない。よく見れば美人なのに、上目《うわめ》で私を一瞥《いちべつ》するだけだから、取り付く島もない。

質問には答えないわけではないが、声が小さいから殆ど聞こえない。「もう一度、言ってくれないかな」と言いながら近づいて行って、クラス全員に聞こえるように、私が拡声器みたいに彼女の答えを繰り返すのだ。

ところで、教室の暖房は灯油のファンヒーターである。英語の授業で使う特別教室は、点火も消火も授業担当者が行うことになっている。しかも、消火後は電源コンセントを抜く決まりだ。スイッチをオフにしてもヒーターのファンは五分近く回り続けているから、終業チャイムの五分前には消火モードにしておかないといけないのだ。

さて、一月最後の金曜日の今日は、いつになく最後まで授業に熱が入っていたので、消火態勢《オフモード》に入る前にチャイムが鳴ってしまった。慌ててスイッチを切ったが、私はファンが止まるまで教室を出られないのに、生徒は私にはお構いなしに次々と教室から出て行った。

教室を最後に出ようとしている紹末に、思わず声をかけた。

「つぐみさん、しばらくここで付き合ってくれない？」

多分私を上目遣いに無視して、そのまま教室を出て行くと思ったら、「はい」と言って紹末がファンヒーターの前へやって来た。

二人が並んで、止まりかけたファンヒーターで暖をとっていると、琴美《ことみ》が戻って来て、

「そこで何しているの？」って訊《き》いたから、

「紹末《つぐみ》と二人で、仲良くお尻《しり》を暖めているところだよ」と答えると、琴美はスマホを取り出して、レンズを向けた。

私は左手を高く上げてＶサインをした。すると紹末も、右手でそっとＶをした。

……ファンが止まったので、電気コードを抜きながら、

「つぐみさん、付き合ってくれてありがとう」と言うと、紹末が

「いいえ、私こそ」と言った。はっきりとした、透き通るような声だった。

ワンポイント・リリーフ

花の錦《にしき》街道は、二月に入ると『地吹雪街道《じふぶきかいどう》』に変身する。不意に襲来《しゅうらい》する地吹雪の街道を勤務校へと向かう。車の左前方、北西の方角から、白い雪の上で更《さら》に白くなった風が、新雪を水平に削りながら這《は》うように車に向かって来るのが見える。この荒涼《こうりょう》とした美しさに見惚《みと》れている間《ま》も無く、車は白い霧の塊《かたまり》のような風に吸い込まれてゆく。一瞬のホワイトアウトだ。白の中で何も見えなくなる。夜の地吹雪はブラックで、恐ろしい暗黒の世界なのだが、朝の地吹雪は柔らかな純白の衣《きぬ》に包まれた恍惚《こうこつ》なのだ。

とにかく学校に到着すると、一年生の学年主任の和久井先生が、「ルーム長の松橋君が来て、ゆ~先生がこの学校を辞めないように校長先生から説得してもらってくれって言っていましたよ」と笑いながら話してくれた。実は、私は四月の新年度からは、昨年まで勤務していた学校へ戻ることになっているのだ。今教えているこの高校は、今年度だけの助っ人、いわばワンイヤー・リリーフとして教壇に立っているのだ。

……先週の授業のときに松橋君たちが「先生、来年はどうするのですか。また僕たちのクラスを教えてくれますか？」と尋ねてきたので、

「いやあ、多分そうはいかないよ。もともと週五時間の一年契約なのだし、それに十二月の公開授業の時、校長先生に文句をつけたりしたからなあ」と冗談まじりに話したのだ。

……十二月にこのクラスで英語の公開授業をした。教頭先生と校長先生も参観に来られた。

(a) They saw Tom enter the room.　(b) Tom was seen to enter the room.

と二つの文を一列に並べて板書した。

私、「(a)の文と(b)の文はどこが違うかな？」

生徒、「(b)は受動態《じゅどうたい》になっています」

私は「That's right. その通り！」と言って、う〜んと背伸びして、

(a)の文の上に『知覚動詞＋目的語＋動詞の原形』
(b)の文の上に『知覚動詞の受動能＋toのある不定詞』と見出しをつけた。
私が背伸びして板書したのは、黒板の下には教壇がないからだ。新潟県には教壇のない高校も多いのだ。教壇がないと、身長160センチに足りない私は、黒板の三分の二より上には文字を書くことが不可能なのだ。

三十年ほど前に、「教師と生徒は対等であるから、生徒を上から目線で見下ろしてはいけない。よって、教壇は取り除け」という運動家たちが教壇を取り払ってしまったのだ。

「先生、『受動のう』って何ですか？」と生徒が言った。

「えっ、本当だ。背伸びして書いていたら息切れがして、心が切れてしまったよ」と言いながら、わざとピョンと跳び上がって、能の下に『心』を入れた。そして、

「あの〜、校長先生、この学校には教壇が無いのですね。おかげで、この学校にお世話になってから、私の身長が少し伸びましたよ」と言うと、校長先生は笑って頷《うなづ》いておられた。

「ゆ〜先生の年齢《とし》では絶対に伸びっこないっすよ」と生徒。

「おい、おい。絶対なんて、絶望的な言い方はやめてくれよ。真実というものは、時には他人《ひと》の心を傷つけるのだぞ」

「あっ、すいません。つい本当のことを言いました。そういえば、この頃ゆ〜先生の髪は伸びていますよ」

と、まあこんな調子で授業が進んでいった。普段はもっと騒々しいクラスなのだが、生徒は静と動を弁《わきま》えていて、質問にもよく答えてくれたので、自画自賛《じがじさん》したくなるような公開授業だった。


……そして今日、二月八日の授業でルーム長の松橋君が言った。

「先生、どうしてこの学校に残ってくれないのですか。僕たちがうるさくしたからですか？」

「否《いや》、このクラスは素敵なクラスだよ。適当に騒々しいけれど、聞くべき時は聞いているし、答える時は答えてくれる。十二月の公開授業のときは最高だったよ。しかし、心はこの学校にあっても、肉体は移動しなければいけない。それがワンポイント・リリーフの宿命なのさ。一期一会《いちごいちえ》、会者定離《えしゃじょうり》。出会うは別れの始まりなんだから。

Anytime, anywhere いつでも、どこでも、その一瞬一瞬を大切にして生きてゆこう。で、最終テストまでの残り四時間を最高の集中力を発揮して、この教壇のない教壇に立っているオレの話を聞いてくれ。声だけを聞くのではなく、オレの心を、オレが伝えたい中味を聴きとってくれ」

お別れ

三年生は最終授業だった。これが最後と思うと未練がましくなるので、人生訓など垂《た》れたりせずに、ただ淡々と授業を進めた。

残りの時間で最終試験の質問を受けていたところ、亜由里《あゆり》と奈々香《ななか》が突然言った。

「せんせ〜、もう会えないんですね。せんせいの授業、すご〜く面白かった。楽しかったよ。寂しいなあ。泣いちゃうよ〜」

私も涙が出そうになっていた。

「ありがとう。あなたたちのおかげで、オレも楽しく授業ができていたんだよ」と言いたいのを押さえた。そんなことを言ったら本当に涙が出てしまうから、だから、ただ淡々と答えた。

「そうだね。だから、また会えると思っていればいいんだよ。別れるときはいつも、また会えると思って別れる。See you.なんだよ。若者の人生は、See you again! なんだよ」

チャイムが鳴った。号令係りが「起立！」と叫んだ。

窓の外は雪だった。元日以来ほとんど絶え間なく降り続いている雪が、いっそう激しく降ってきた。

弔辞にしてほしい

現在非常勤講師をしているS高校と掛け持ちして英語を教えていたY高校をこの三

月で退職した。退職したY高校の英語科の先生方が私のために送別会を開いてくれるということで、案内状が送られてきた。

Y高校英語科送別会のご案内

雨にぬれた紫陽花が美しい頃となりましたが、先生におかれましては、ますますご健勝のこととお喜び申し上げます。

さて、このたび本校の英語科では、ゆ〜先生が長年の本校でのご勤務を終えられることになりました。

ゆ〜先生は、持ち前の明るく好奇心旺盛なお人柄で、どの生徒に対しても、語学の楽しさや大切さを熱心にご指導くださいました。進路指導の面では、英語だけでなく、小論文も積極的にご指導いただき、特に県立看護大学を志望する生徒の力を伸ばし、進路の実現にご尽力くださいました。

また、教務室でも、先生の周りはいつも楽しい雰囲気で、さまざまな話題でわれわれ英語科の職員だけでなく、他教科の先生方も楽しい時間を過ごさせていただくと同時に勉強させていただきました。

先生が、このY高校から去られることは、非常に寂しいことではありますが、先生のご健勝と、新任校でのご活躍を願っております。

幹事　Y・吉村

面映ゆいが、これ、何年か後の弔辞にしてもらえないものかな？　妻をはじめ、参列している身内の者は、職場での私のことは全く分かっていないのだから。

（了）

著者略歴

荒井　豊（あらい　ゆたか）

1939年新潟県中頸城郡名香山村（現在は妙高市）に生まれる。
新潟大学人文学部人文科学科卒業。
民間会社に勤務したのち、新潟県内の高校で英語を教える。
定年退職後は上越市内の高校で英語講師を勤め、現在に至る。
妙高市在住。

花咲く丘の高校生
あなたも高校生になってみませんか

2016年3月23日　初版第一刷発行

著　　者	荒井　豊
発 行 人	佐藤　裕介
編 集 人	遠藤　由子
発 行 所	株式会社 悠光堂 〒104-0045 東京都中央区築地6-4-5 シティスクエア築地1103 TEL. 03-6264-0523　FAX. 03-6264-0524 http://youkoodoo.co.jp/
イラスト	須藤　裕子
制作・デザイン	渡辺　桂
印刷・製本	明和印刷株式会社

 ISBN978-4-906873-57-9　C0095